顔の「ゆがみ」がなければ、あなたはもっと美しい!

顔面筋革命

さつま骨格矯正
鍼灸整骨院・総院長
薩摩宗治

講談社

はじめに

たるむ、大きくなる、しわになる……顔の老化は〝ゆがみ〟が原因です

私は、柔道整復師として25年、全身の体のゆがみに着目して施術を行ってきました。その中で、ひざより、股関節より、骨盤より、あごをはじめとする顔のゆがみを正すと、おもしろいほど顔の形やパーツ、体の調子まで変わることがわかりました。生まれつきベースボール型だと思っていた顔が卵型になるのです。

左右差だけでなく、顔が長くなるのも、頬がこけるのもすべてゆがみのせい。 年を重ねるほどにゆがみはひどくなりますから、ゆがみは老化現象のひとつといえます。また、老化だけでなく、若い女性でもストレスによる食いしばりや噛みぐせであごがゆがみ、顔のトラブルを引き起こしている人が少なくありません。

さまざまなタイプのゆがみを施術しながらも、どうしたら、どんなタイプの人にも効率よく、確実にゆがみがとれるのか、と考えていました。そして今回、その集大成として本書にまとめたのが、顔のゆがみを矯正する「顔面筋セルフケア」法です。

しわや顔のたるみ、エラ張りなど、すべての顔の悩みは顔の筋肉の問題です。骨格さえ、筋肉で変わります。骨は死ぬまで再生をくり返しているのですが、顔の筋肉が外側や下方向ばかりに引っ張られると、その下にある骨も再生する時に外へ、下へと広がってゆがんできます。

特に顔の美しさを左右する筋肉は、噛む時に使われるそしゃく筋群、舌を動かす時に使う舌筋群、表情をつくる表情筋の3つで約36種類ほどあります。これらの筋肉のバランスが崩れることによりあごがゆがみ、それによって顔の大きさが変わり、目や鼻などのパーツが変形し、若く美しかった顔が老けてくるのです。顔には、ほかにも細かな筋肉がありますが、特に顔の美しさに関わる筋肉群の総称を、本書では「顔面筋」と名付けました。

この顔面筋を調整してゆがみをとるのが、本書で紹介するセルフケア法。わざわざ施術をしに来なくても、毎日少しずつのセルフケアで必ず顔は変わります。**顔の老化はあなた次第で今すぐに止められるのです！** さあ、本書でゆがみをとって、顔面筋に革命を起こしましょう。

ここのバランスが崩れると顔がゆがむ！

顔面筋って何？

そしゃく筋群、舌筋群、表情筋。顔の筋肉の総称が顔面筋

これまでの美容法の多くは、顔の表面にあって表情をつくる表情筋に注目をしていました。表情筋は皮膚についているので、表情筋ケアは肌にハリを出すという点では効果がありますが、顔のゆがみを大きく変えることはできません。**顔のゆがみをとり、形に影響をあたえるのは、あご関節を支えるそしゃく筋群や舌筋群**です。食いしばりぐせがあると、常にそしゃく筋群を筋トレしているのと同じ状態で、特にマッチョになった咬筋《こうきん》があごをゆがませ、顔をたるませます。逆にそしゃく筋群をほぐし、舌を動かす時に使う舌筋群を鍛えると、あごのゆがみがとれ、フェイスラインがシャープになるのです。顔のケアは表情筋プラス、そしゃく筋群、舌筋群の3つへの刺激が欠かせません。さつま式ではこの3つの筋肉を総称して「顔面筋」と呼んでいます。今日から顔面筋ケアを日課にしましょう。

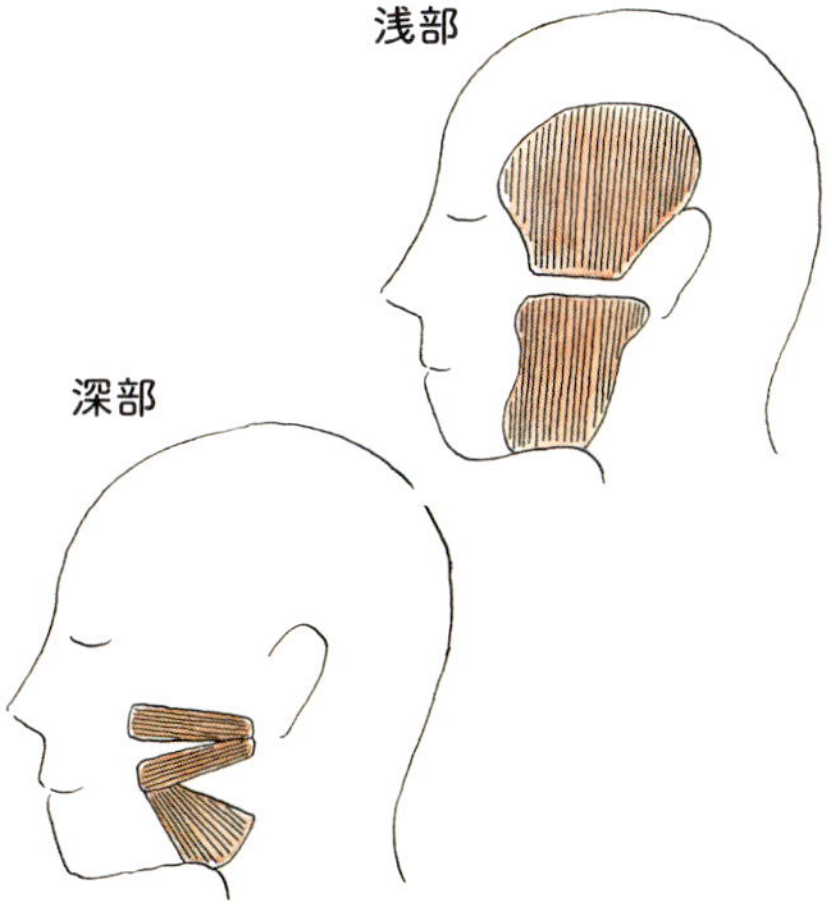

そしゃく筋群 ＝4種類

噛む時に使われる筋肉で、顔を大きくする原因

あごを動かす時や、噛む時に力が入るのがそしゃく筋群。咬筋、側頭筋、内側翼突筋、外側翼突筋の4種類。特に咬筋は、食いしばりや噛みぐせで厚くなり、大顔の原因に。

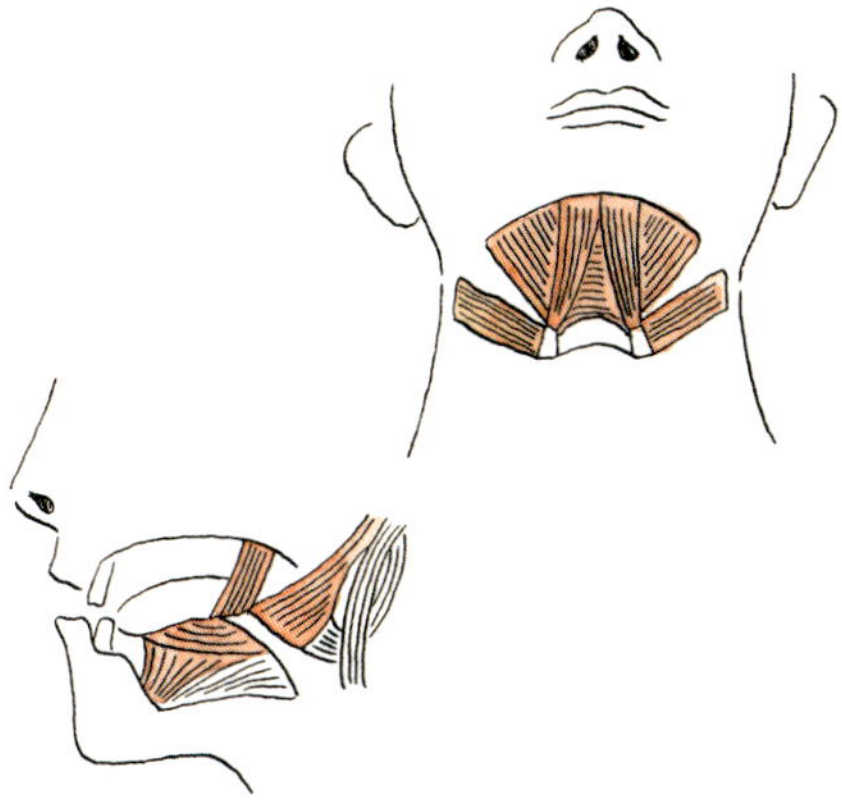

舌筋群 ＝12種類

あごや首のたるみに効果的な筋肉

舌を動かす時に使われる筋肉で、本書では12種類の舌筋群に注目しました。舌筋をよく動かすと、あごや首のたるみが引き上がるので、フェイスラインがすっきりします。

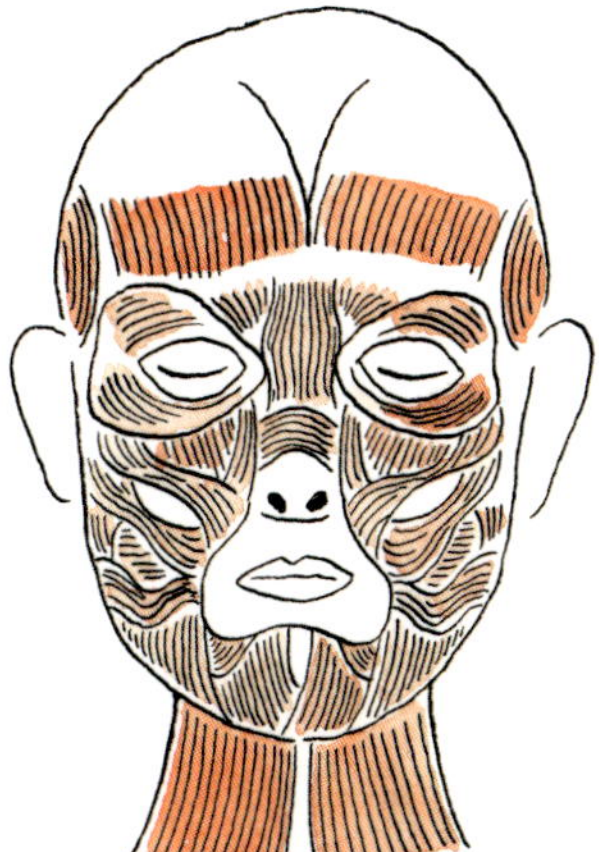

表情筋 ＝約20種類

皮膚に直接ついて豊かな表情をつくる

ほとんどの筋肉は骨と骨をつなぐようについていますが、表情筋は皮膚に直接ついている特別な筋肉で、皮筋と呼ばれます。約20種類が収縮することで、豊かな表情をつくります。

ゆがみをつくる間違い習慣❶

食事の時以外でも上の歯と下の歯をくっつけている

9割以上がやっている！

それは食いしばりのサイン！あごがゆがんで、顔が大きくなる

口を閉じている時、上下の歯がくっついていませんか？　歯と歯が少しでもあたると、気づかぬうちに**そしゃく筋群である咬筋や側頭筋に力が入り、エラが張り、あごがゆがむ原因に！**　また、下の歯が上の歯よりも前へ出るなど噛み合わせにも悪影響を及ぼします。

食べ物を噛む時以外は、歯と歯の間は上下の歯があたらないように、2〜3㎜すき間をあけること。たったこれだけで、リフトアップにもつながります。また、25ページで紹介するように舌は常に上あごにつけましょう。咬筋によけいな力が入らなくなり、あごのゆがみが改善してきます。

食事の時以外は、歯と歯は絶対にくっつけてはダメ！放っておくとエラ張り、大顔、顎関節症になる可能性も！

歯と歯をくっつけている

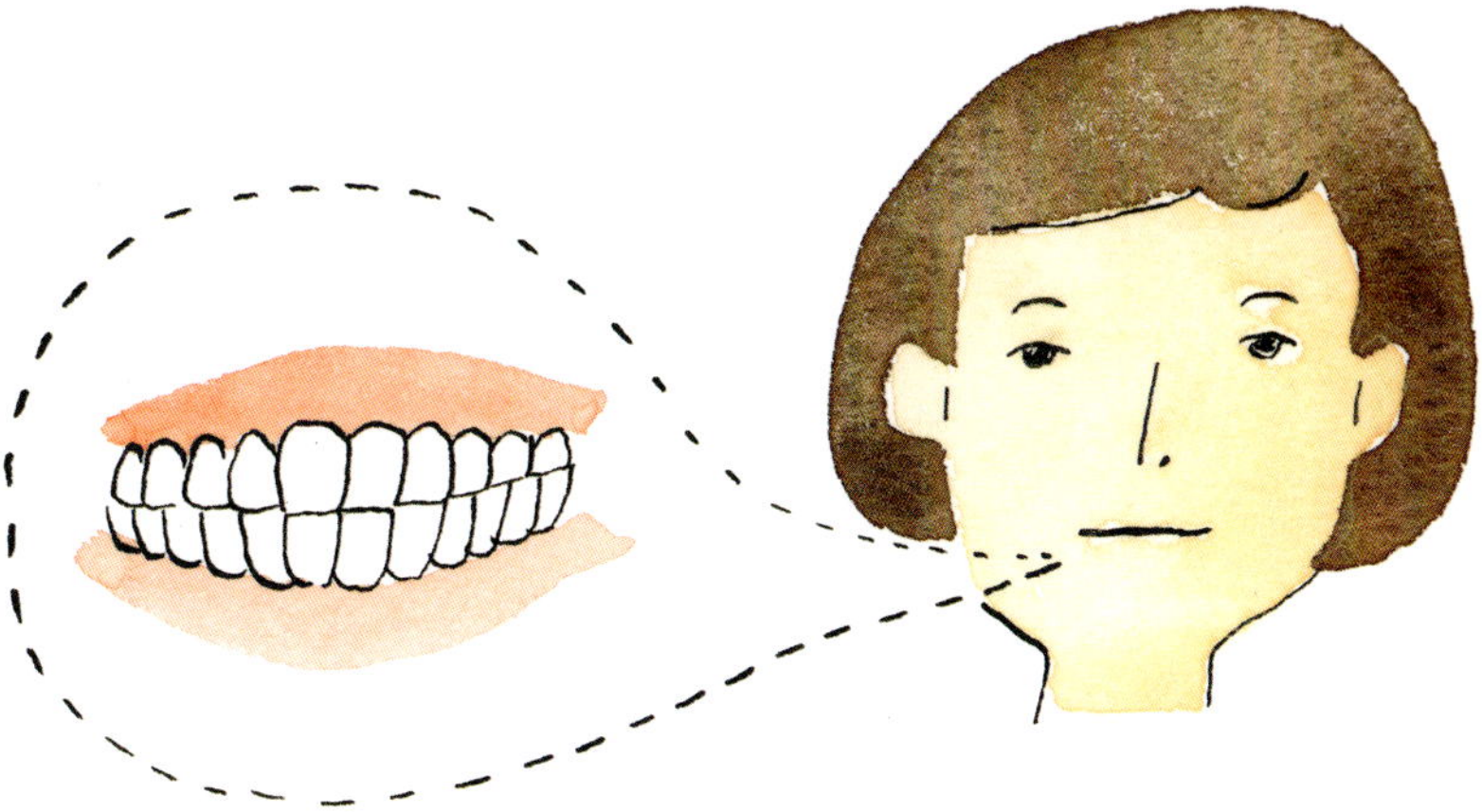

この習慣を続けると……

▼

あごがゆがむ！
エラが張って
大顔になる！

ゆがみをつくる間違い習慣❷

顔を内側から外側に向かってマッサージしている

9割以上がやっている！

顔の老化を加速させかねない危ないマッサージ方法

小鼻からこめかみへ、あごから耳へ、など、顔を内側から外側に向かってマッサージしていませんか？　それは顔を老化の方向に導くマッサージ。**さつま式はこの逆で、顔を外側から内側へマッサージ**します。

普段私たちが話す時、笑う時など、多くの場合、顔の筋肉は外側に引っ張られます。つまり顔面筋は過剰に外側に動かされている状態です。それなのに、マッサージでさらに筋肉を外側へ引っ張ってしまうと、ますます顔面筋が疲弊し、筋肉が皮膚を支えられなくなり、顔がどんどん垂れて、老けていきます。逆に、外側から内側へマッサージすれば、筋肉のクセがとれて、ゆがみが解消。特に25歳以降は、顔のクセを戻す作業が必要です。

内側から外側に
引っ張るようにマッサージ
すると顔がどんどん
広がって劣化するので
要注意です！

マッサージは
内から外へ!

この習慣を続けると……

▼

顔がどんどん
老けていく!

ゆがみをつくる間違い習慣❸

姿勢が悪い＆食生活が乱れている

9割以上がやっている！

顔を根本から美しくするのはいい姿勢と正しい腸活！

猫背の人は99・9％顔がたるんでいます。いくらフェイスケアに力を入れても、猫背のままでは顔の老化は止められません。なぜならば、**顔と体は筋《きん》膜《まく》という一枚の膜でつながっているから。**

猫背だとその背中から頭へとつながる筋膜が伸びきってたるんだ状態ですから、顔の筋膜も下へ伸びてたるみます。逆に姿勢を正せば、背中から筋膜が引っ張られ、顔もリフトアップするのです。

また、食事も顔のたるみに大きな影響があります。特に健康な腸は美肌に不可欠な要素。腸の調子を整えることで、しわやたるみができにくくなります。体の内側からキレイになるためには、食生活の見直しも欠かせないのです。

あごを引きすぎるのもNG。
これも、ゆがみや二重あごの
原因になります。
いつもよりあごを上げる意識、
これを常に忘れずに！

猫背
水分をあまりとらない
食事のバランスが悪い

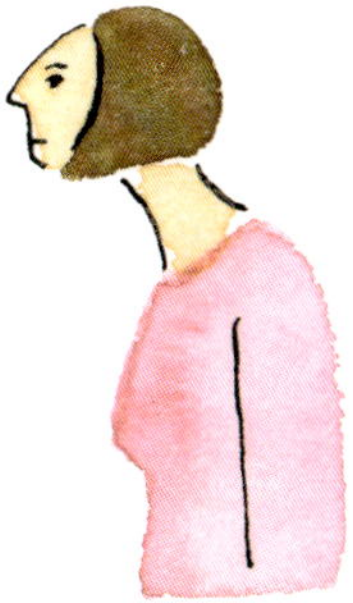

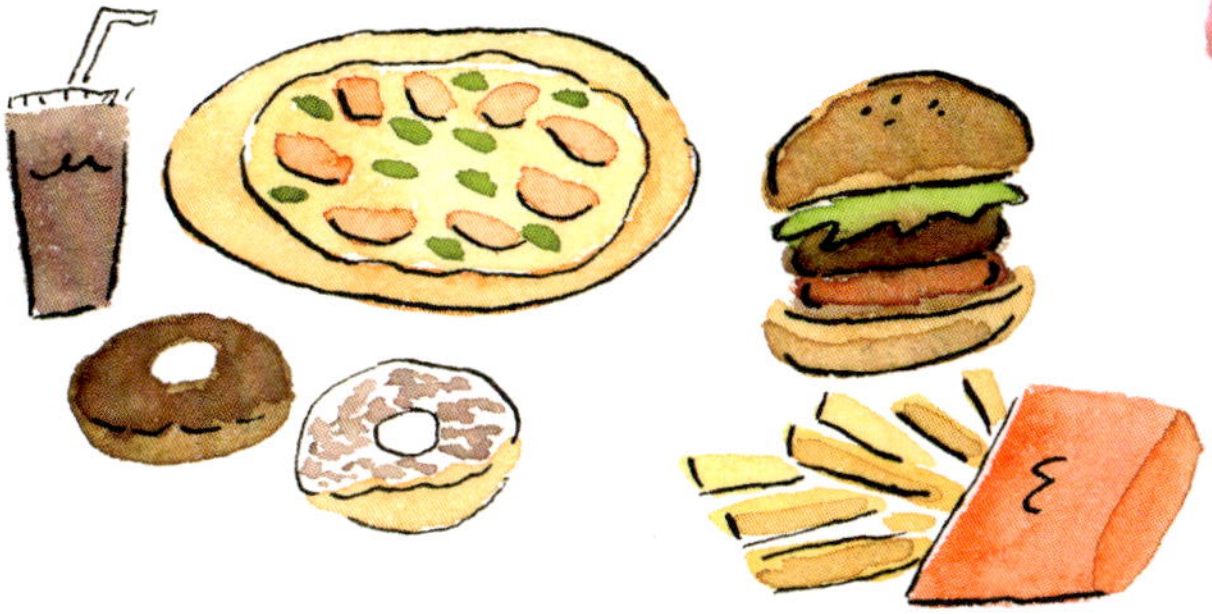

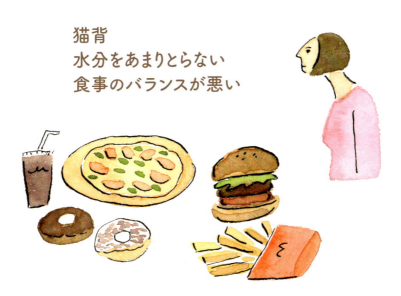

この習慣を続けると……

▼

顔がたるむ！
しわが増える！
ハリがなくなる！

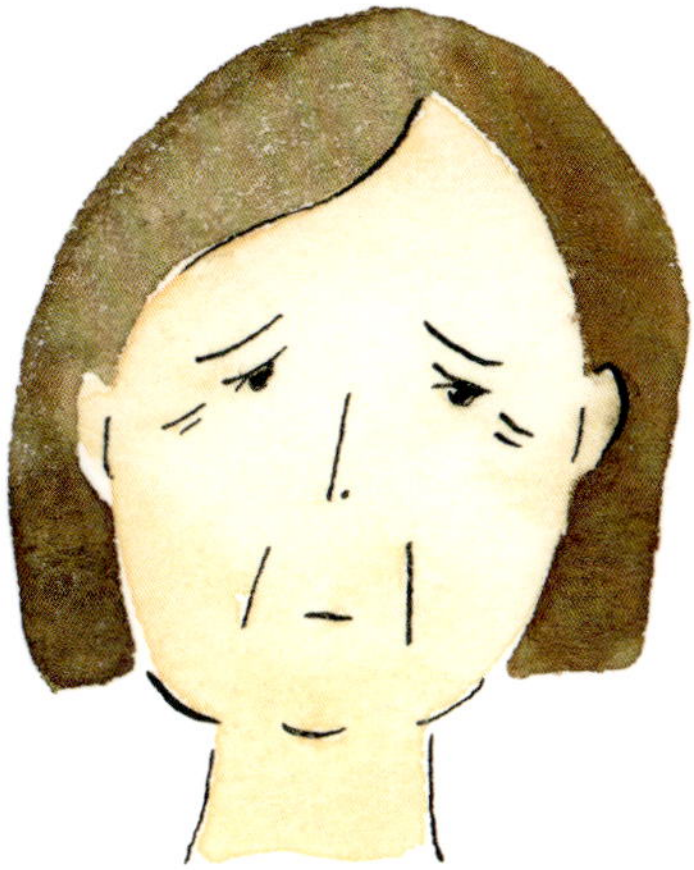

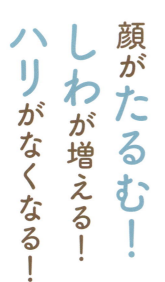

さつま式顔面筋革命でやること

　さつま式なら劇的に顔が変わります！　なぜなら、これまでとは違う新しい刺激を顔に与えて、まるで顔面筋に革命を起こすかのように根本から組織を変えて、ゆがみをとっていくからです。

　でも、難しいことはひとつもありません。舌トレ、逆マッサージ、姿勢矯正は、どれも簡単で長く続けられる方法。どんなにすばらしいケア法でも、続けなければその効果は半減してしまうので、シンプルなものだけにしました。顔の変化を楽しみながら、毎日少しずつでも顔面筋ケアを続けましょう。

1 舌《べろ》トレで食いしばりを解消。あごのゆがみをとる！

　食いしばると、頬側面の咬筋という筋肉が厚く、硬くなって、顔を四角く大きく見せ、さらにあごのゆがみが助長されます。食いしばりをなくさなければ、顔は変わりません。食いしばり防止にオススメなのが、第1章で紹介する舌トレ。舌を外に伸ばす、舌を口の中で大きく動かすなど、普段しない動きで舌をトレーニング。咬筋がほぐれ、食いしばりが軽減するだけでなく、あごのゆがみがとれ、小顔やリフトアップにつながります。

→ 第1章で紹介

2 外側から内側への逆マッサージで顔の老化を止める！

さつま式のマッサージは、一般的なマッサージとは逆向きの外側から内側へが基本です。笑ったり、話したりなど、顔の筋肉を動かす多くの場合、筋肉はどんどん外側へと引っ張られていきます。外側へ引っ張られて酷使された顔面筋を逆マッサージによって内側に寄せることで、筋肉のクセをケア。疲れがとれた筋肉はよく動くようになり、肌にハリが出ます。そして老化現象である顔のゆがみやたるみを食い止めます。

→ 第2章で紹介

3 姿勢矯正＆生活習慣の改善で、しわ・たるみを解消！

顔と背中は筋膜という一枚の膜でつながっています。そのため、猫背で姿勢が悪ければ、背中や頭皮の筋膜が伸びきってたるむため、顔の筋膜も伸びてたるんでしまいます。そこで、さつま式では、顔のマッサージや体操だけでなく、同時に姿勢矯正にも重点を置いています。

また、肌を美しくする食生活にも注目。腸内環境にいい食べ物をチョイスして、体の中から美しくなりましょう。

→ 第3章で紹介

もくじ

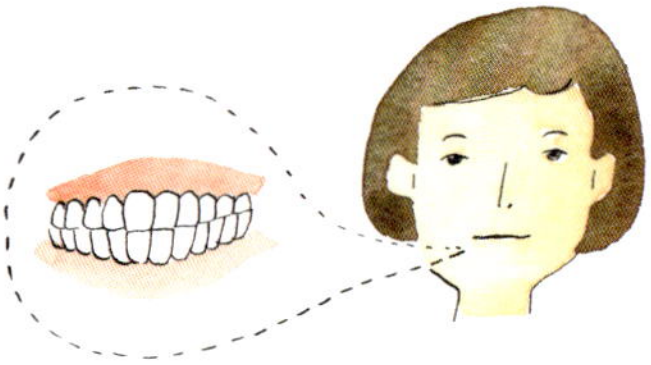

第1章 舌《べろ》トレでゆがみをとって小顔になる！

第2章 逆マッサージで老化をストップ！

第3章 姿勢矯正＆生活習慣見直しで若返りキープ！

第4章 教えて！ さつま先生 顔面筋革命Q＆A

第1章

舌《べろ》トレでゆがみをとって小顔になる！

最近、アッカンベーをしていますか？
大人になると、なかなか舌を動かす機会はありません。
でも実は、舌を動かすと顔面筋に驚くほどいい影響が！
舌を動かす舌トレで、顔をぐいぐい引き締めましょう。

大顔・たるみは
あごのゆがみが原因だった！

人の体で、一日のうち、いちばん動かす関節はどこでしょうか？　足首？　ひざ？　手首？　首？　答えは、そのどれでもなく、あごです。

話す、噛む、笑う……、さまざまなシーンで動かされるあごの関節は多い人で一日3000回以上動いているといわれています。さらには歯と歯を噛み合わせた時、あごには体重の1・5～2倍も力がかかるといわれているのです。一日3000回以上動かすたびに、体重の1・5～2倍の力がかかっているのですから、**体の中で最もゆがみやすい場所はあご**だといっても納得できるでしょう。

それなのに、あご関節のゆがみは、骨盤などのゆがみに比べて小さいからなのか、とりわけ放置されやすい場所です。しかし、その影響は顔の輪郭、たるみ、しわなど、初対面で人と会った時にいちばん目に入りやすい場所に及びます。さらに、あごのゆがみを放っておくと、首や背骨のゆがみにも連動していて、肩こり、首こり、頭痛などの不調まで引き起こすのです。

つまり、**見た目の印象を変え、不調を改善するためには、あごのゆがみをとることが大前提。**あごのゆがみをとらずして、顔の美しさもアンチエイジングもありえません。

ゆがみはただの骨格のずれではありません。老化です。長年の噛みぐせや悪い姿勢によって、あごは前に出てきたり、下に落ちたり、左右にずれてゆがんできます。骨格自体が突然ずれるというよりも、あごに同じ負荷がかかる悪習慣で筋肉が疲弊し、重いあごを支えていた咬筋や側頭筋などのそしゃく筋群があごを支えられず、下あごが落ちて、皮膚も下に引っ張られます。これがあごのゆがみによるたるみの正体。

あごのゆがみをとる秘策が、本章で紹介する「舌トレ」。やってみてあごや頬が疲れるなら、まさに舌筋群が使われていない、ゆがみやすい状態です。舌トレで左右均等に舌を動かすことで、舌筋群が鍛えられ、あごをしっかり支えてゆがみにくくします。重いあごが舌筋群に支えられていれば、咬筋や側頭筋がムリにあごを支える必要がなくなり、たるみや四角顔などの顔のゆがみによる悩みが解消します。

あなたは
大丈夫?

「ゆがみ＝老い」だった!

あごのゆがみCheck!

あごが下に落ちる（顔が長くなる）、あごの高さが左右で違うのもゆがみ。
以下の項目にひとつでも当てはまったら、ゆがんでいる可能性大!

□ ほうれい線の長さや深さが左右で違う

ほうれい線や笑いじわの長さや深さが左右で違うようなら、左右の顔の筋肉が均等に使われていないサイン。左右どちらかの歯ばかりで噛んでいたり、片側の食いしばりがひどくてあごがゆがんでいるのかもしれません。

□ 口を開けた時にあごがずれる、あごがカクカクいう

あごがゆがんでいると、口を開けた時にあごが前にずれる感覚があったり、カクカクいったりします。ひどい場合は顎関節症の可能性も。そしゃく筋を正しく使えるようになると、ゆがみがとれて症状も軽減。

□ 口が大きく開かない

口を大きく開けようとすると、引っかかるような感じで口が開かない場合は、あごがゆがんでいます。あごのゆがみが改善すれば口は大きく開くようになります。ただ、開けすぎもあごをゆがませる原因になるので注意。

□ 口角の上がり方が違う

笑った時に口角の上がり方が左右均等でないなら、あごがゆがんでいて左右の筋肉が均等に使われていません。頬の側面の咬筋や頬筋をほぐして、ゆがみを改善すると左右の口角が整います。

□ 眼鏡がずれる

眼鏡のフレームは耳にかけているので、耳の高さが違うと眼鏡がずれやすくなります。耳の高さが左右で違う人はあごから顔全体、それを支える骨格筋がゆがんでいる状態。あごのゆがみがとれると耳の高さもそろって眼鏡もずれません。

□ 目の大きさが左右で違う

左右で目の大きさが違う人はたくさんいますが、パッと見てあまりにも左右差があるようなら、あごから顔全体の筋肉がゆがんでいる証拠。顔面筋のクセをとると、小さいほうの目が大きくなってきます。

スマホ・携帯などで写真を撮って観察しよう

本書で紹介するセルフケアを続けると、食いしばりが改善されてあごのゆがみがとれ、その結果顔がどんどん整っていきます。その変化が目に見えてわかるのが2週間後くらいから。できれば写真を撮って記録に残しましょう。耳と鼻を結んだ線が床と平行になるように、顔をまっすぐ向けて自撮りを。

あごのゆがみを加速させる食いしばりに注意！

エラが張っている、ほうれい線が深くなってきた、寝ている時に歯ぎしりをしている……などの症状があれば、それは食いしばりです。

食いしばりはあごのゆがみを加速させる最大の原因。食いしばっているままでは、顔の老化は食い止められません。

美容外科では顔を小さくするために、食いしばる時に働く咬筋にボトックス注射を打つことがあります。これを打つと咬筋に力が入らなくなるので食いしばりはなくなりますが、本来動かすべき時にも筋肉が動かなくなるので、表情が乏しくなったり、頬がたるんでタテにほうれい線のようなしわが入るケースも。病的な食いしばりによる医師の判断以外では、私はボトックス注射をすすめません。

本書で紹介する舌トレなど、自分ができることで咬筋をほぐして整えれば、食いしばりの多くは改善できます。注射より時間はかかりますが、食いしばりが改善する過程で顔が小さくなり、たるみが引き上がるといううれしい効果も期待できるのです。

食いしばりCheck!

以下の項目にひとつでも当てはまったら、
食いしばっている可能性大!

- 舌の周りに歯型がついている
- 歯が平らでつるつるしている
- エラが張っている
- 頬がこけている
- ほうれい線が深い
- 歯ぎしりをしている
- 朝起きると肩がこる
- 顔が重い、だるい
- パソコン、スマホを使っている時、歯と歯がくっついている

食いしばりだけじゃない!?
顔の筋肉不足もゆがみを招く!

私の施術院に駆け込んでくる、あごがゆがんでいる患者さんの7割は食いしばりが原因です。そして、残りの2～3割が、発達した咬筋のゆがみとはまったく逆で、顔の筋肉不足によるゆがみで、顎関節症を起こしている方です。

顔の筋肉をエコーで見ると、その差は一目瞭然。食いしばりの人は咬筋が円柱状に厚く張っているので、頬の外も中も筋肉が張っています。一方、筋肉不足の人の咬筋は薄くペラペラ。重い下あごを支える力がなくあごがずれてゆがみます。

筋肉不足の人も、食いしばって筋肉が張っている人も、どちらにも必要なのがそしゃく筋と舌筋を動かしてバランスを整えること。この後にご紹介する「舌トレ」を行うと、筋肉が少ない人は筋肉が鍛えられることでゆがみが解消され、食いしばりの人は、顔の筋肉がほぐれて、シャープな印象に生まれ変わります。

歯と歯がくっついているだけで、あごに負担がかかっている！

歯は髪の毛1本を判別できるほど敏感です。歯に何かが触れると「噛め」という指令が脳へ届き、噛むためのそしゃく筋に力が入ります。そのため、食べていなくても、上下の歯が接触しているだけで、咬筋や側頭筋に力が入り、あごに体重の1・5～2倍の力がかかってしまうのです。

そのうえ、そしゃく筋や舌筋は自律神経とも関係が深く、ストレスがかかると自律神経のうちの交感神経が優位になり、体は食いしばってストレスに対応しようとします。逆に、食いしばることによって交感神経にスイッチが入り、常にイライラした状態をつくり出してしまいます。

あごをゆがませて顔をたるませないため、さらに心をストレスから解放するためにも、左ページの歯と舌のポジションを身に付けて。**食べる時以外は歯と歯をくっつけないように意識しましょう。**たったこれだけでも、硬く張っていた咬筋がゆるんで、リラックスした笑顔美人になります。

あごをゆがませない
歯と舌の正解ポジション

舌の先は
この位置に！

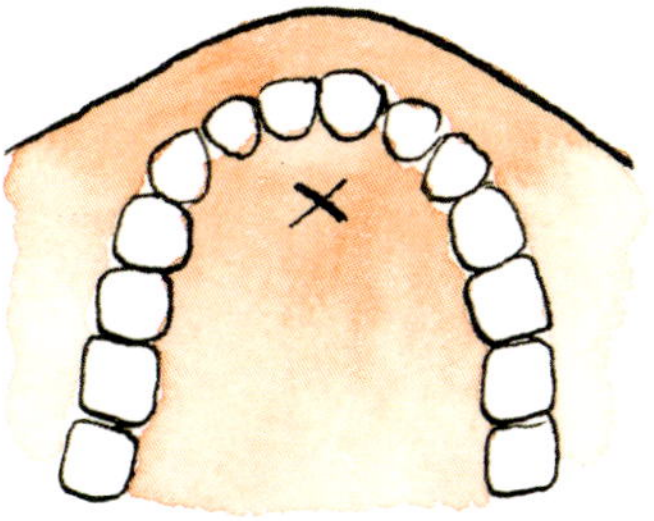

舌の先を上あごの裏側で歯の根もとから少し手前の位置につけます。

歯と歯の間は
2〜3㎜あける

上下の歯はすき間をあけた状態で、軽く唇を閉じましょう。特に奥歯同士がくっつきやすいので、意識して離すようにしましょう。

イライラしたら舌を軽く噛もう！

食いしばりをすると、興奮したり、イライラしたり、ストレスがかかった時に高まる自律神経である交感神経が優位になります。そのため、寝ている間に食いしばっている人は、寝ている間でも交感神経が優位に働き、朝起きても疲れがとれていない人が少なくありません。寝ている時の食いしばりぐせは、舌トレなどで咬筋をゆるめれば改善できます。

また、起きている間にストレスでイライラした時は、気づかぬうちに食いしばっていることが多いのです。そこで、イラッとしたら舌を軽く噛みましょう。咬筋に力が入らなくなるので、食いしばりが防げますし、イライラもおさまってきます。ただし、噛みすぎには注意！

食いしばりを解消！あごのゆがみがとれる舌《べろ》トレとは？

舌というのは、首から顔につながる筋肉によって動かされています。特に**あごのゆがみや顔のたるみと関係しているのが、12種類の舌筋群。**この筋肉をよく使うことによって、内側からあごを支えられるようになり、下あごが持ち上がります。その結果、下方向のゆがみがとれ、連動してそしゃく筋もほぐれるので、食いしばりが解消されます。

できるだけ簡単に、かつ効果的に舌筋群を鍛える方法をまとめたのが、この後ご紹介する「舌トレ」です。舌筋群はあごを下から支えるインナーマッスルのような存在。体のインナーマッスルがしっかりしていれば、正しい姿勢をキープすることができるように、口のインナーマッスルともいえる舌筋群が活性化されれば、あごをしっかり支え、ゆがみがとれるので、フェイスラインがすっきりしてきます。

また、舌トレでは舌を左右対称に動かします。この時、**舌を左右均等に動かすことが大事。これができれば、ゆがみがとれて顔のバランスが整い、美人顔に近づく**ことができます。

舌トレの効果

- 普段動かすことの少ない舌筋を動かすことで、あごの筋肉を刺激
- 食いしばると発達する咬筋がほぐれ、食いしばりが軽減
- 顔のよけいな力が抜け、筋肉がほぐれてゆがみが改善。たるみも引き上がる
- 左右対称に舌を動かすことで顔面筋が左右対称に刺激されて、あご、目、鼻、頬のゆがみがとれる

最初はきついかもしれませんが、
続ければだんだん楽に動かせるようになりますし、必ず効果が出ます。
毎日少しずつ行ってみてください！
2週間続ければ、顔に変化が出るはずです！

舌を大きく出して顔面筋を伸縮

舌《べろ》ストレッチ

舌は使えば使うほど、よく動くようになります。**舌の動きはあごと連動しているので、舌が動くようになるとあごのゆがみも改善します。**

ここで紹介する舌ストレッチは、この後に紹介する舌アイロンや舌ぐるりんの準備体操。舌を口からできるだけ大きく外に出して、舌を動かす筋肉をまとめてストレッチします。

舌を前に出したり、上げたりすることで、顔があごからぐいっと持ち上がります。顔の血行もよくなるので、肌もキレイになる効果が！

また舌ストレッチをすると、唾液がよく出るようになります。唾液が出ることで、虫歯や歯周病、口臭の予防にもなりますし、ダイエットにも効果があるといわれています。ぜひ、舌ストレッチを日課にしてください。

1

舌を前に出して 10〜90秒キープ

口を軽く開けて、舌をできるだけ前に出す。出しきったところで10〜90秒キープ。

2

舌を鼻先につけるように 上に伸ばす

あごを軽く上げ、舌を鼻先につけるようなイメージで、上に伸ばす。伸ばしきったところで、10〜90秒キープ。

3

舌をできるだけ右側に伸ばす

舌を口から出して、できるだけ右側に伸ばす。伸ばしきったところで10～90秒キープ。

4

アッカンベーのように舌を下に伸ばす

アッカンベーをするように、舌をあごに向かって、思いきり下へ伸ばす。伸ばしきったところで10～90秒キープ。

左

5

舌をできるだけ
左側に伸ばす

舌を口から出して、できるだけ左側に伸ばす。伸ばしきったところで10〜90秒キープ。

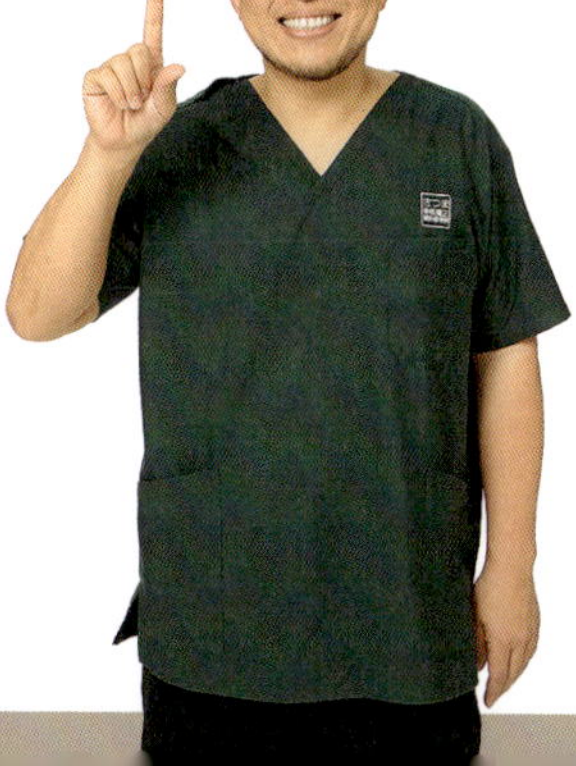

最初は10秒キープから
スタートしてOK！
90秒で筋肉にクセが
つきやすくなるので、
90秒キープ目指して、
トレーニングしよう！

口の中から舌で伸ばして
あごのゆがみ&しわを矯正

舌《べろ》アイロン

ほうれい線やマリオネットラインなど、口元のしわができる場所を口の中からアイロンのように舌でプッシュするのが舌アイロン。

口の内側には、顔の筋肉の始点や終点、自律神経を左右する神経が集まるところなどの重要なポイントがあります。そこを口の中から舌で刺激することで、筋肉や神経に刺激が伝わり、筋肉の余分な力が抜け、よく動くようになります。

舌アイロンは骨盤を支える骨《こつ》盤《ばん》底《てい》筋《きん》群《ぐん》を鍛えるトレーニングに似ていて、**あごを下から支える舌筋群を鍛える体操**です。この体操を続ければ、フェイスラインが引き締まってきます。ポイントはできるだけ強く長く押し続けること。できればタイマーを使って10～90秒、もうダメと思ったところからプラス10秒数えてみましょう。舌アイロンに慣れたら、左右交互に舌をスイングさせるとさらに効果アップ。30～60回、あごが疲れるまで左右均等に動かしましょう。

刺激を入れるのは この10ヵ所

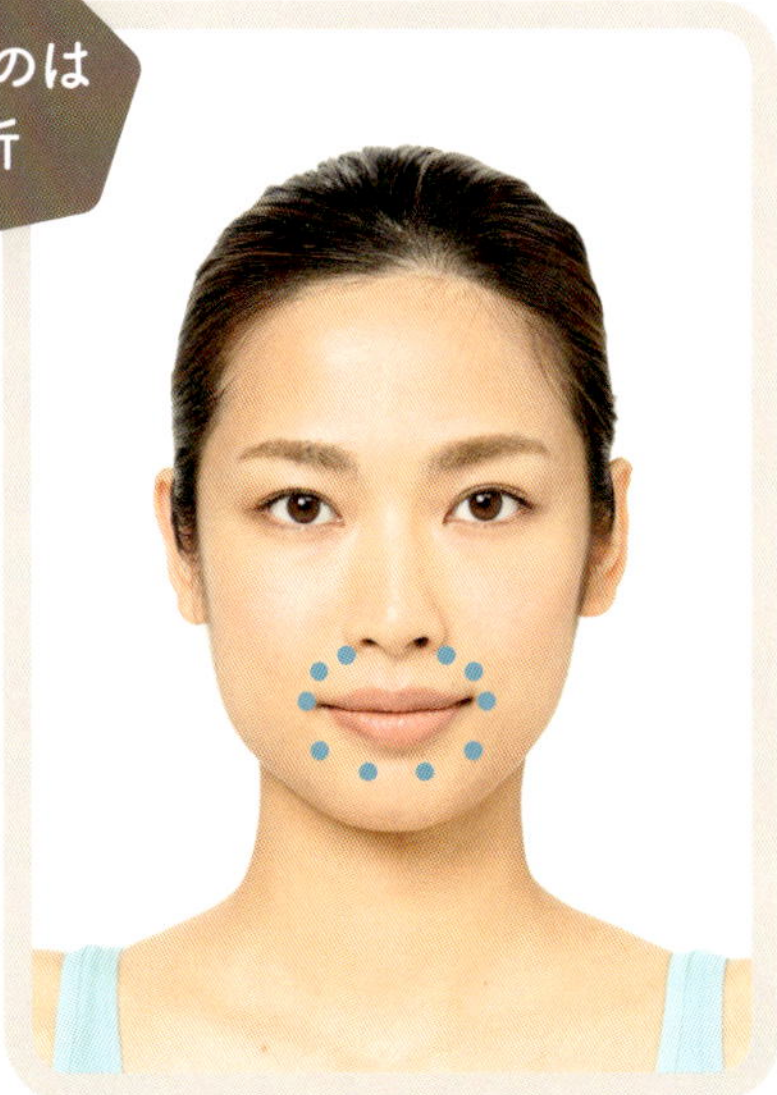

小鼻の横、小鼻と口角の真ん中、口角、口角とあごとの真ん中、あごの横の5ヵ所を左右両側、計10ヵ所を各10〜90秒押しましょう。時間がない時は、朝晩2回に分けて行ってもOK。

1

人さし指を押し上げるよう 右の小鼻の横を舌で押す

人さし指を右の小鼻の横にあてる。その人さし指を押し上げるようにしながら、舌で10〜90秒押し続ける。

2
小鼻と口角の間を舌で押し続ける

人さし指を小鼻と口角のちょうど真ん中で、ほうれい線の上にあてる。その人さし指を押し上げるように、舌で10〜90秒押し続ける。

3
右の口角の横を舌で押し続ける

右の口角の横に人さし指をあてる。その人さし指を押し上げるように、舌で10〜90秒押し続ける。

4

マリオネットラインの終着点を舌で押し続ける

口角の真下で舌があごの骨にぶつかるところ、マリオネットラインの終着点あたりに人さし指をあてる。その人さし指を押し上げるように、舌で10〜90秒押し続ける。

左側も行って、
口のまわりを1周
プッシュしましょう!

5

あご先の右側を舌で押し続ける

舌をできるだけあご先に伸ばすと舌が筋にぶつかる。その筋の右横に人さし指をあてる。その人さし指を押し上げるように、舌で10〜90秒押す。続けて1〜5の左側の位置を同様に行う。

歯茎を舌でなぞって ゆがみを改善

舌《べろ》ぐるりん

口を閉じたまま、舌の先で歯茎の表面をぐるりとなぞります。**なぞり終わった後に、舌が疲れていたら、舌の筋肉をしっかり動かせた証拠。**そしゃく筋群をゆるめることにもつながるので、食いしばり予防、ゆがみ改善にも効果的。歯茎にも刺激が入り、歯茎の血行がアップ。ピンク色のキレイな歯茎に変わります。

　風邪でマスクをした時はチャンスと思って、ぜひ舌ぐるりんを！　風邪が治った時には顔が変わっているはずです。

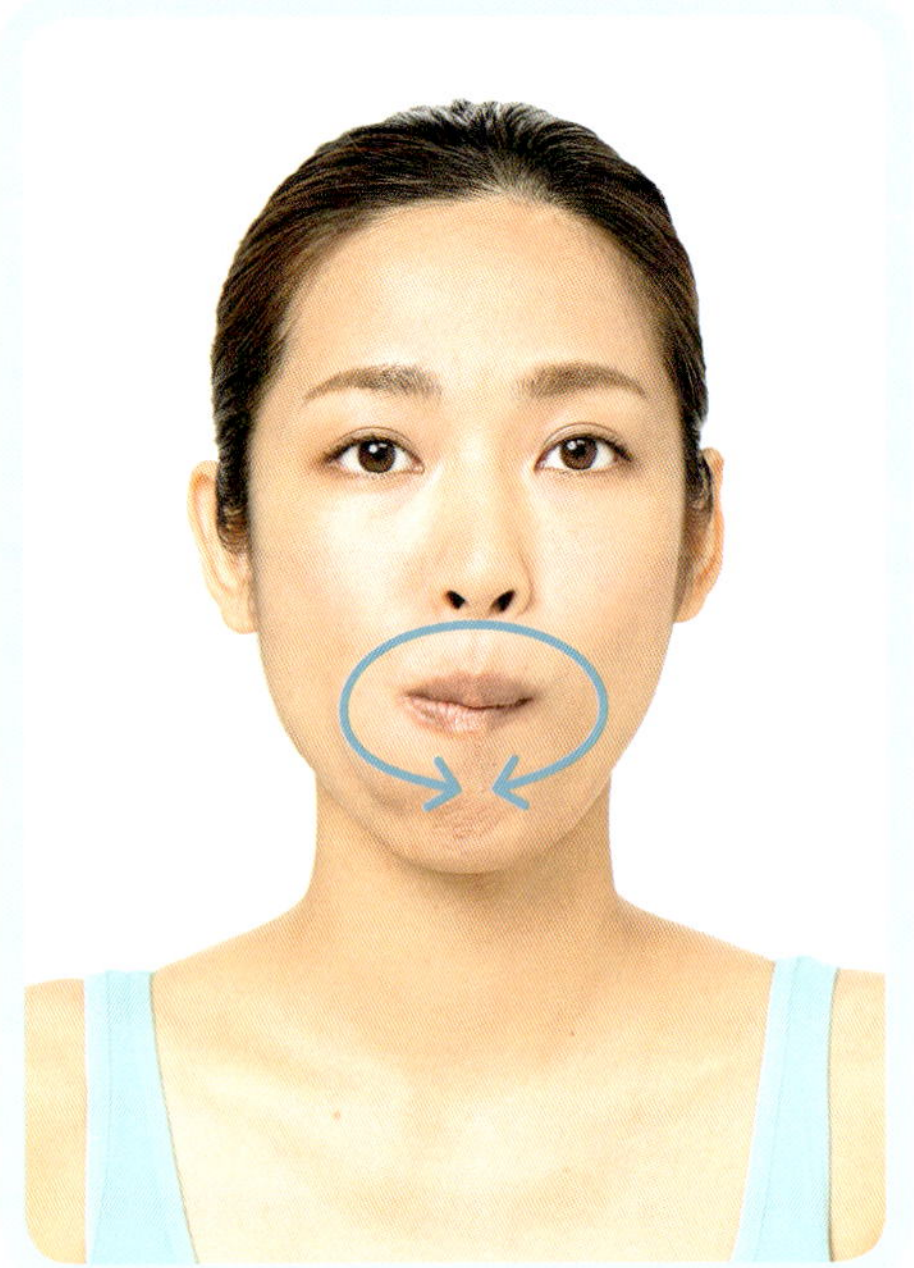

歯茎をなぞるように
舌をゆっくり回す

口を閉じ、舌を歯茎にあてる。歯茎をなぞるように、右回りに舌をぐるりと10回ゆっくり回す。次に左回りに舌を10回ゆっくり回す。

頬の筋肉が集まるポイントを交互に押してたるみを改善

舌《べろ》スイング

頬をぷっとふくらませて、いちばんふくらんだところは、3種の頬筋が重なる場所。ここを刺激すると、頬全体の筋肉が刺激されて、**硬くなった筋肉がゆるみ、表情筋がよく動くようになります。**

表情筋をケアする逆マッサージ（第2章）に加えて、この舌スイングを行うことで、顔の筋肉がほぐれ、むくみやたるみが改善。ほうれい線など口周りのしわも薄くなります。また、舌筋群も鍛えられるのでゆがみも解消！

頬のいちばんふくらんだところを舌で交互に押す

口を閉じ、右頬をふくらますといちばんふくらむところに舌を強く押しあてる。左側も同様に舌を押しあてる。左右交互に舌をスイングして、30〜60回動かす。

Column 1

コットンマウスピースなら もっとゆがみがとれる！

私の院では、ほとんどの人に当院独自のマウスピースを作成し、一日3回、1回90秒つけてもらいます。食いしばりやあごのゆがみがひどい人は、一日中、寝ていても、顔面筋、特に咬筋がゆるむ時がありません。ですから、マウスピースを使って使いすぎた顔面筋をゆるませ、筋肉と顎関節に力を抜く練習をさせます。

簡易式マウスピースは市販もされていますが、医療用のコットンを唇と歯茎の間にはさんでもOK。これだけでも、過緊張の筋肉がゆるみ、ほうれい線や口周りのしわとりのサポートにもなります。

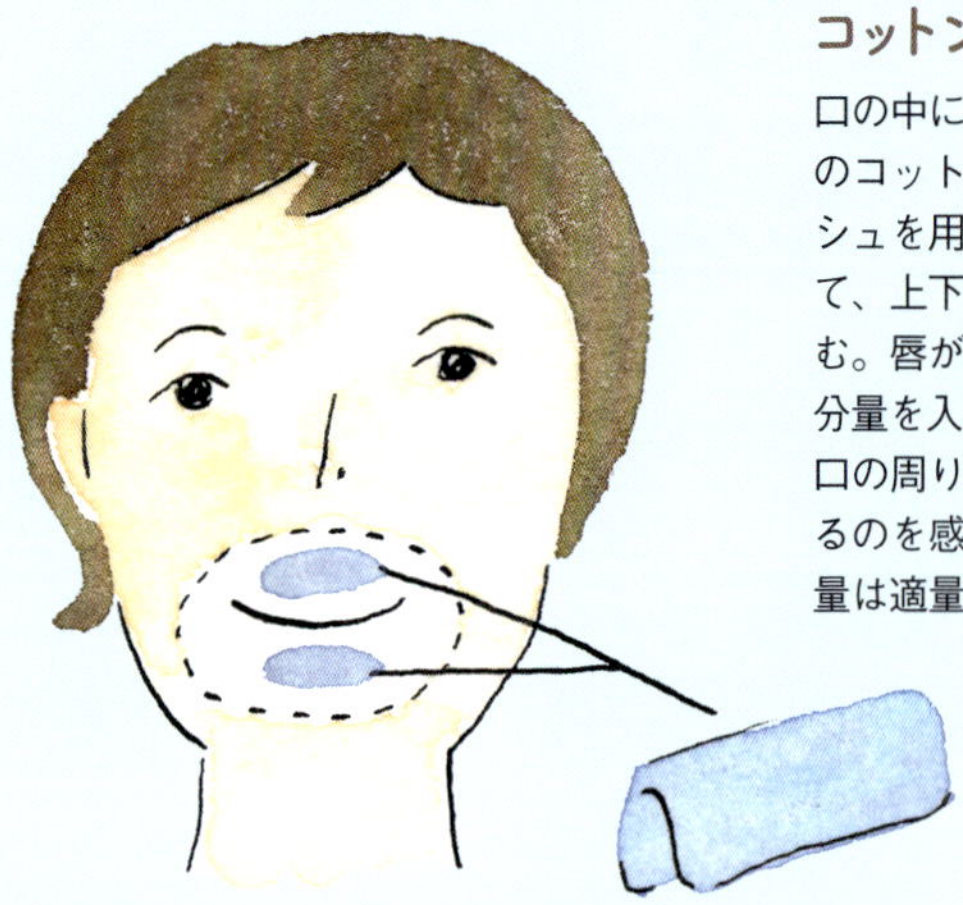

唇と歯茎の間に コットンをはさむ

口の中に入れてもいい、医療用のコットンや口腔ケア用ティッシュを用意。それを適度に丸めて、上下の唇と歯茎の間にはさむ。唇が前に突き出るくらいの分量を入れて、10〜30分キープ。口の周りの筋肉が伸ばされているのを感じられればコットンの量は適量です。

第2章

逆マッサージで老化をストップ！

たるみやしわを伸ばすように、顔の外側へと皮膚を引っ張っていませんか？ それが問題！顔の内側に向かった逆マッサージこそが、老化を食い止める秘策だったんです！

新常識！顔のマッサージは、**「外側から内側へ」**が効果的だった！

施術にいらっしゃる9割以上の方は、小鼻からこめかみへ、あごから耳へ、など、顔の内側から外側に向かってマッサージしています。

「たるみやしわを伸ばしたいから外側へ！」その気持ちはわかります。でも**顔のマッサージは「外側から内側へ」＝逆マッサージのほうが、断然効果的**なのです。

例えば笑った時。口を大きく開けると、顔面筋は外側へと引っ張られます。また食いしばりで頬に力を入れ続けていると、頬が横に張ってきます。このように顔面筋は常に顔の外側方向にばかり引っ張られているのです。**外側に引っ張られて疲弊した筋肉を外側に引っ張ったら、筋肉がさらに伸びて老化やゆがみを促進させるばかり。**逆に外側から内側にマッサージすることで、顔面筋のクセがとれ、元の動きのいい顔面筋にリセットされ、立体的で若々しい顔になるのです。

顔の老化のしくみ

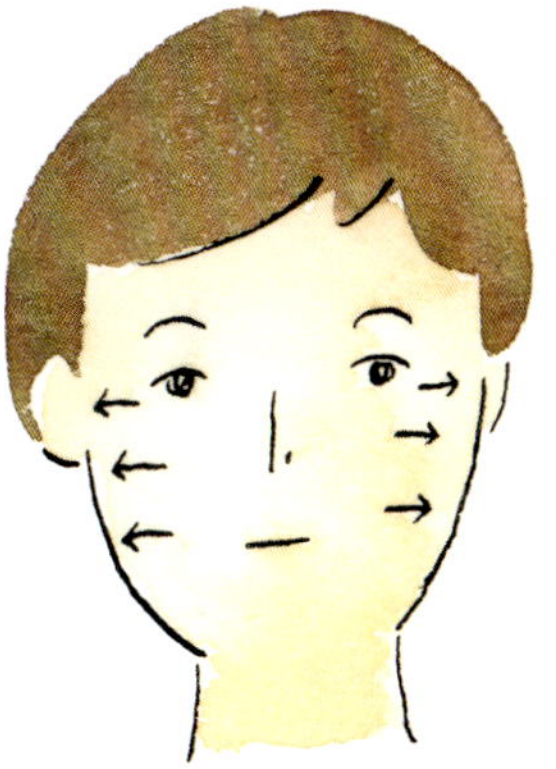

老化すると顔は外へ広がっていく!

笑う、食べる、話すなど、日常の顔の動きは顔面筋を外側に向かって動かしています。若い人は顔の筋肉が中央に寄って立体的。一方、年をとった人の顔が外側に広がってたるんでいるのは、この筋肉のクセや疲労が原因。

だからマッサージは外側から内側へ!
"顔面筋のクセ"をリセットしてあげよう

逆マッサージ やり方のポイント

- 筋肉を中央に寄せるようにマッサージ
- 筋肉を一気に引っ張らない。ストロークは短くちょこちょこと
- 痛《いた》気持ちいい強度で行う

新メソッドだからここが不安！

逆マッサージQ&A

Q　リンパの流れは内から外へ、と聞きました。流れに逆らってマッサージしても大丈夫？

A　顔のリンパの方向は考えなくてOK。最後にあごから鎖骨に向かって首をなでればリンパは流れます

顔の場合、リンパの方向を深く考えなくても、顔を刺激さえすればリンパも刺激されて老廃物は流れます。顔のたるみやゆがみをとりたいのなら、リンパよりも筋肉の働きを考えて、外側から内側に向かってマッサージをしたほうが効果的。

ただし、首から鎖骨にかけてだけは、全身の老廃物を心臓へ流す最終出口にあたるポイント・鎖骨リンパ節につながるので、鎖骨に向かってマッサージを。あごから鎖骨に向かってなでるようにマッサージを行えば、顔の老廃物は流されます。

顔面筋のクセをとる
逆マッサージのほうが、
時間は短くても効果は
倍以上。スキンケアの
時に試してみて！

Q 顔を中央に寄せるマッサージだと、しわができちゃいそうで心配です！

A 心配しなくて大丈夫。むしろしわが薄くなって、顔にハリが出てきます！

逆マッサージを行うと、一時的にほうれい線が深く見えたり、小さなしわができたりします。でも、手を離せばそのしわの大部分が消えますし、元々あったしわも、筋肉の反発力によってマッサージ前よりも徐々に浅くなってくるはず。もし、一時的にできたしわをすぐに薄くしたいなら、逆マッサージでできた皮膚のよれをとるためにタッピングを。マッサージ後に、しわのできた部分をやさしくたたいてください。両手の指の腹を気になるしわの部分にあてて、1ヵ所につき10〜20回細かくたたけば、皮膚になじみます。

しわ伸ばし
タッピング

少し痛いけど効果抜群！
口の中マッサージでもっと若返る

顔のマッサージといえば、顔の表面を刺激するのが一般的。でも、顔面筋は口の中にもたくさんあるのです！

舌《べろ》トレは舌で口の周りを中心に、口の中から筋肉を刺激する方法ですが、**舌で届かない部分は、口の中に指を入れて刺激したほうが効果的**です。特に発達した分厚い咬筋は、顔表面からのマッサージと合わせて、口の中からも刺激したい筋肉。顔の表面と裏側から咬筋を刺激すると、よりほぐれやすくなります。

口の中からマッサージをすると、思ったより「痛い！」と思うかもしれません。それは咬筋がかなり硬くなっている状態。毎日行ううちに痛みが減ってくるので、ぜひ逆マッサージにプラスして続けてください。

私の施術院でも、口の中に手を入れて、顔面筋を強めにマッサージするという施術を行っています。あまりの痛さに涙目になる患者さんもたくさんいらっしゃいますが、施術後に顔が劇的に変化するので、みなさん頑張ってその痛みに耐えてくださっています（笑）。

口の中から押すと
こんなにいいことがある!

・顔面筋のこりが早くとれて
筋肉がほぐれやすくなる

・食いしばりがラクになって
頬を噛むことが減る

・顔面筋と一緒に自律神経を刺激して
気分がリラックスしてくる

・頸部リンパの流れがよくなり、
むくみやたるみがとれる!

口の中
マッサージの
注意点

・必ず手を洗ってから行う

・爪を立てず、指の腹を使って行う
（爪が伸びている場合には、医療用の手袋などをはめましょう）

・少し痛いかな、という強度で行う

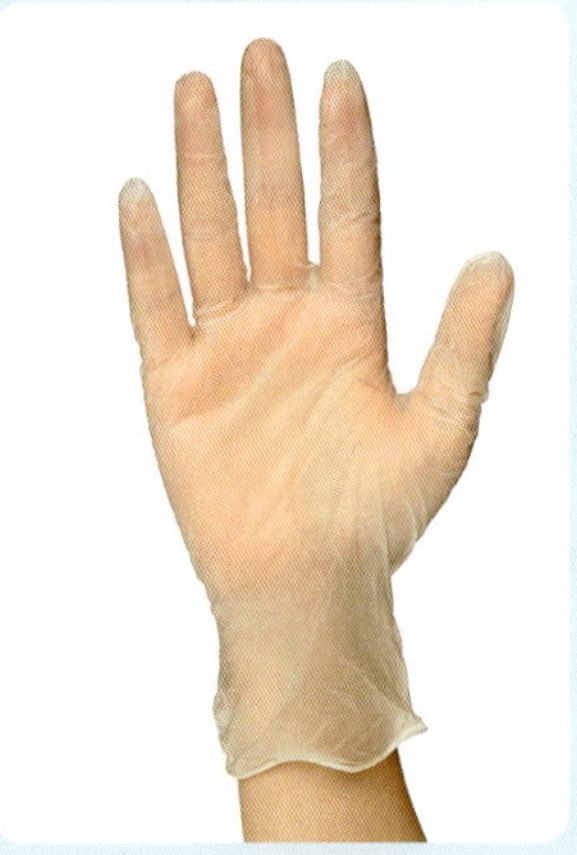

【逆マッサージ】

① エラ

エラは骨ではない！その正体は肥大化した筋肉

エラ張りは生まれつきと思っている人も多いでしょう。実はエラは骨ではありません。エラを魚のように外に張り出させているのは、深部と浅部の2種類が重なった咬筋という筋肉が、食いしばりや噛みぐせによって分厚くなったせい。

食いしばりは、いつも咬筋を筋トレしている状態ですから、筋肉が肥大化してエラが張って見えるのです。逆マッサージでほぐせば、エラの張りがとれて、四角い顔が卵型に変わることもあります。

この筋肉にアプローチ

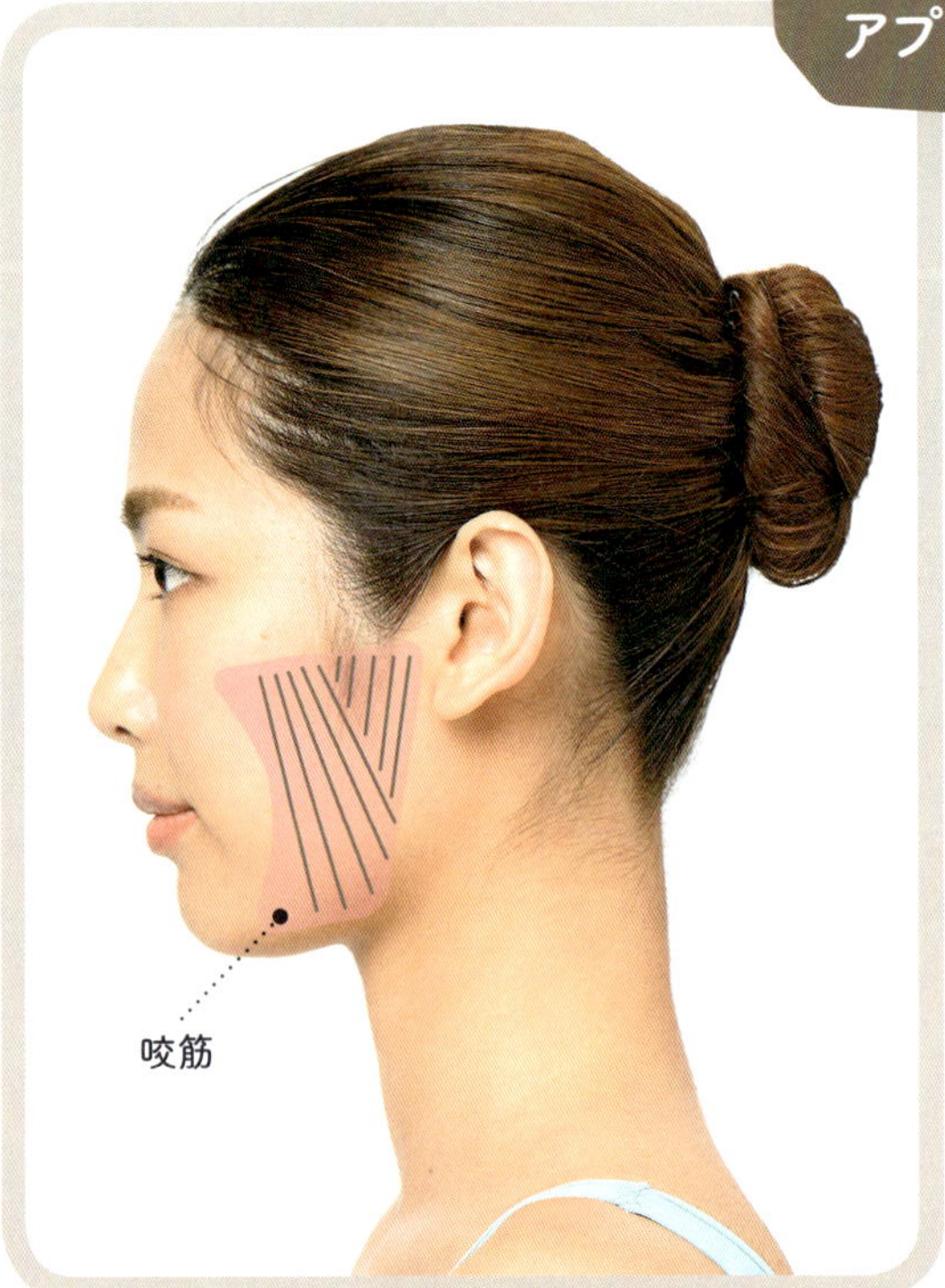

老化するとこうなる！

咬筋の使いすぎでエラが張り、そのまま放っておくと、筋肉だけでなく骨格も下に落ちて広がります。顔は横広になり、口角が下がって不美人顔に。

咬筋を耳から鼻に向かって指の位置をずらしながら押す

両手の人さし指、中指、薬指を、上の歯と下の歯を噛んだ時にふくらむ頬のところ（咬筋）にあてる。そこを耳の前から鼻に向かって、指に圧を加えながら位置を少しずつ内側にずらして、3ヵ所を5回ずつ前後に指を揺らしながら押す。

＋しわ伸ばしタッピング

▶43ページ参照

エラの口中マッサージ

注意：爪が伸びている場合には医療用の手袋を着用して行ってください。

咬筋を裏側からもほぐして
エラの張り出しを小さく！

パソコンやスマホを夢中で続けるなど集中して何かをしている時は、だいたい歯と歯をくっつけて食いしばっています。特に頑張り屋の性格の人ほど食いしばりがひどく、エラが張っている傾向があるのです。

食いしばりが続いた咬筋は分厚く大きくなっているので、顔表面からの咬筋の刺激だけでは不十分。**口の中から咬筋の裏側を刺激することで、筋肉全体をほぐすことができます。**

咬筋上部

奥

1 頬骨下のいちばん奥を強めに揺らす

左手の指の腹で耳たぶより少し前の左頬の部分を押し、右手の人さし指は口の中から押さえる。両手の指で咬筋をはさむようにして口の中は左右に、外側は上下に10回強めに揺らす。

手前

2 咬筋上部の手前を強めに揺らす

次に、頬にあてた左手の指の腹を指2本分ほど鼻のほうへ移動し、右手の人さし指も手前にずらす。そこを口の中は左右に、外側は上下に10回強めに揺らす。

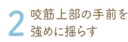

咬筋下部

3 エラを顔の内側と外側から刺激

左のエラを左手の指の腹で押し、右手の人さし指は口の中からエラの位置にあてる。両手の指で咬筋をはさむようにして口の中は左右に、外側は上下に10回強めに揺らす。

奥

手前

4 エラの手前を強めに揺らす

エラから指2本分、あごのほうに右手の人さし指をずらし、左手の指の腹も少し位置をずらし、咬筋をはさむようにして口の中は左右に、外側は上下に10回強めに揺らす。1～4を反対側も同様に。

【逆マッサージ】

2 鼻

鼻を中央に寄せれば ほうれい線が薄くなる

ほうれい線を薄くしようとして、頬ばかりをケアしていませんか？ 実は頬のたるみよりも、**小鼻が横に広がるほうが、ほうれい線を深く長く見せる原因**なのです。鼻の筋肉は上唇を引き上げる筋肉ともつながり、鼻を中央に寄せて小さくすることで、鼻の下が短く、ほうれい線の薄い若々しい顔になります。また、横に広がった鼻が中央に集まったように見えるので、高くてすっきりした美鼻のラインに！

この筋肉にアプローチ

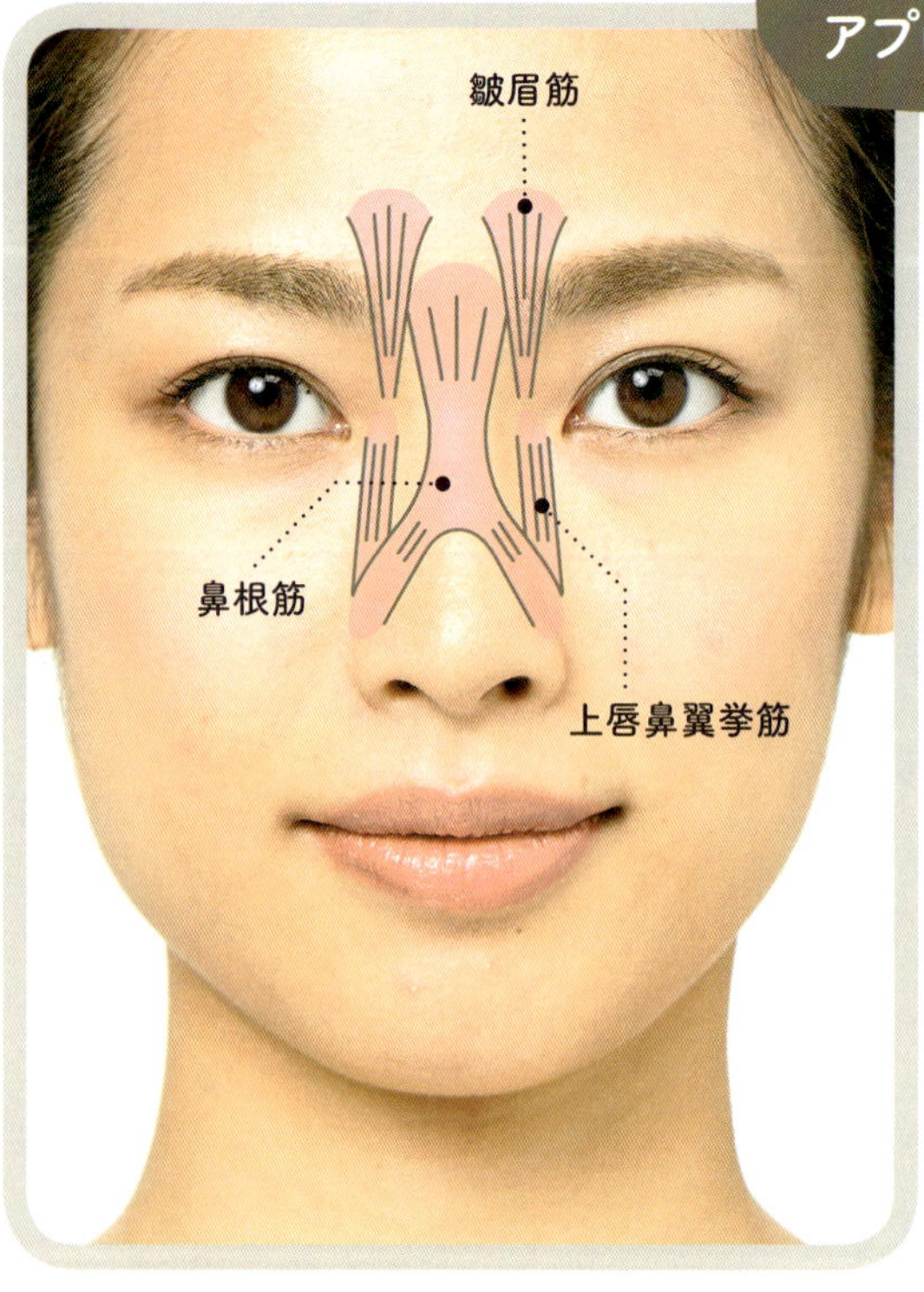

老化するとこうなる！

鼻は加齢とともに小鼻が横に広がり、鼻が丸く大きくなります（欧米人は逆でわし鼻になる）。鼻が横に広がると、ほうれい線のしわが深くなり、唇も下垂。

1 小鼻の上を中央に寄せるように押す

小鼻の上、鼻の真ん中あたりを両手の人さし指ではさみ、鼻を中央に寄せるように強めに20回押す。指を均等に動かして、中央に寄せるのがコツ。

＋しわ伸ばしタッピング

▶43ページ参照

2 人さし指で小鼻を中央に寄せる

左右両方の小鼻の横に人さし指をあてる。人さし指で小鼻を中央に20回強めに寄せる。

＋しわ伸ばしタッピング

▶43ページ参照

3 目頭から眉頭に中指をあてて中央に寄せる

目頭から眉頭にかけて両手の中指をあて、目頭を中央に20回寄せる。

＋しわ伸ばしタッピング

▶43ページ参照

【逆マッサージ】

3 涙袋

目の下の筋肉が衰えると涙袋が下がって消滅!!

若顔と老け顔の違いは、涙袋を見るとわかります。目の下の涙袋がぷっくりと盛り上がっているのが若々しい顔。目の下の部分がだらりと下がり、くまができると、顔全体が暗く老けて見えてしまうのです。

この見た目年齢を左右する涙袋をつくっているのが、目の周りをぐるりと囲む眼輪筋《がんりんきん》。まぶたを閉じる働きをする眼輪筋は目の上よりも下のほうが衰えやすいので、逆マッサージで活性化しましょう。

この筋肉にアプローチ

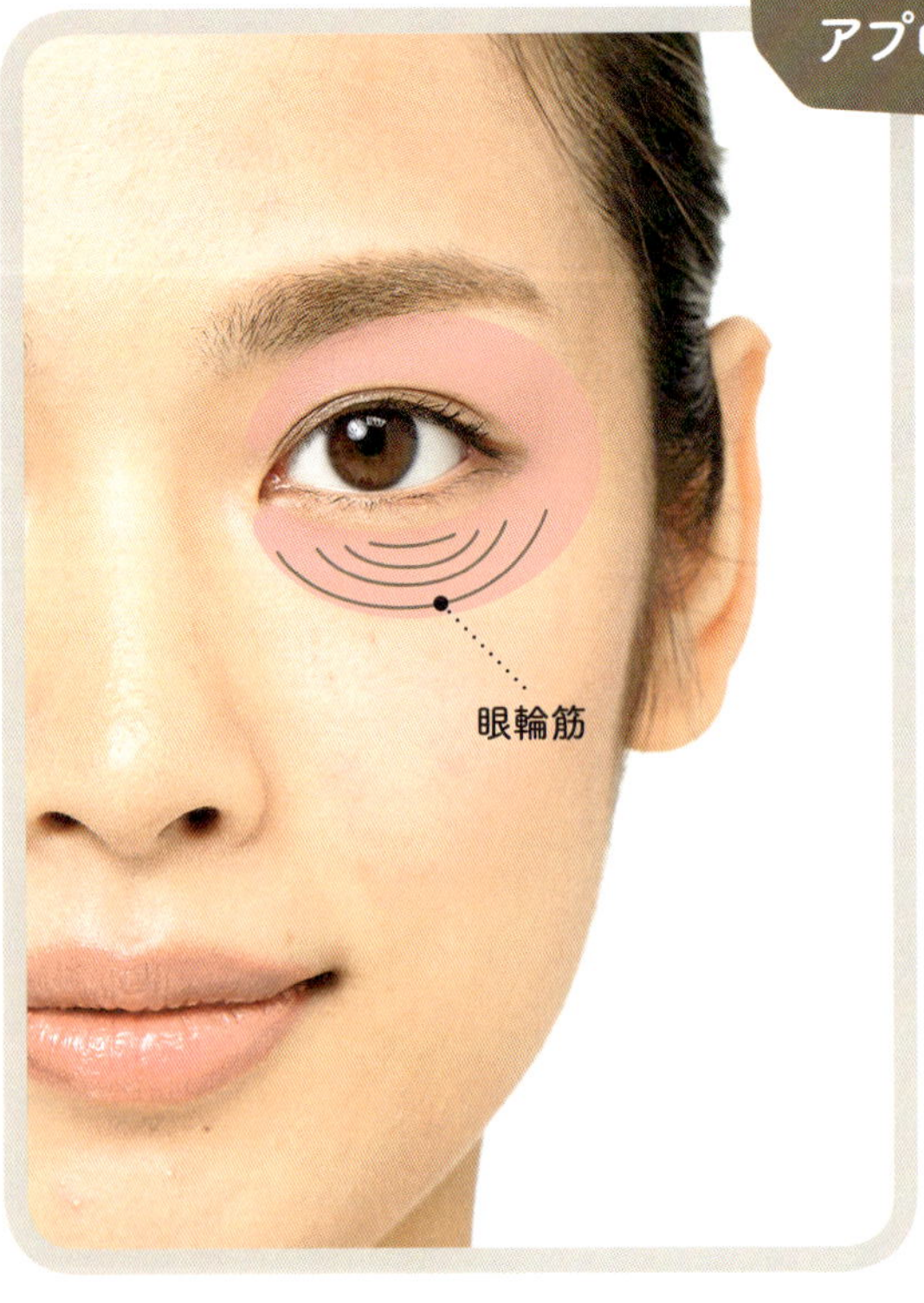

老化するとこうなる!

ハリのある涙袋は若さの象徴。老化すると目の下がたるみ、涙袋が下がります。目の下の血行も悪くなり、くまやしわができやすい状態に。

指を少しずつ動かして
目の下を外から内へ動かす

左目の下に親指と小指以外の3本の指の腹をあてる。眼輪筋を中央に寄せるように少しずつ指を動かしながら、目の下を外側から内側へ、10回押しながら揺らす。反対側も同様に。

＋しわ伸ばしタッピング

▶43ページ参照

【逆マッサージ】

4 目

眼輪筋をほぐして まぶたの下垂やむくみを予防

まぶたの下垂やまぶたの腫れ・むくみは、目をぐるりと囲う眼輪筋が硬くなったり、筋肉の衰えが原因です。また笑ったり、目を細めるたびに、目の周りの筋肉が外側に引っ張られるので、**加齢とともに目が細く小さくなります。**そんな目の周りを逆マッサージで刺激すると、眼輪筋がほぐれ、血流がよくなり、目が大きく開くように！ 朝晩のスキンケアの時の習慣にすれば、目力《めぢから》のある魅力的な目になります。

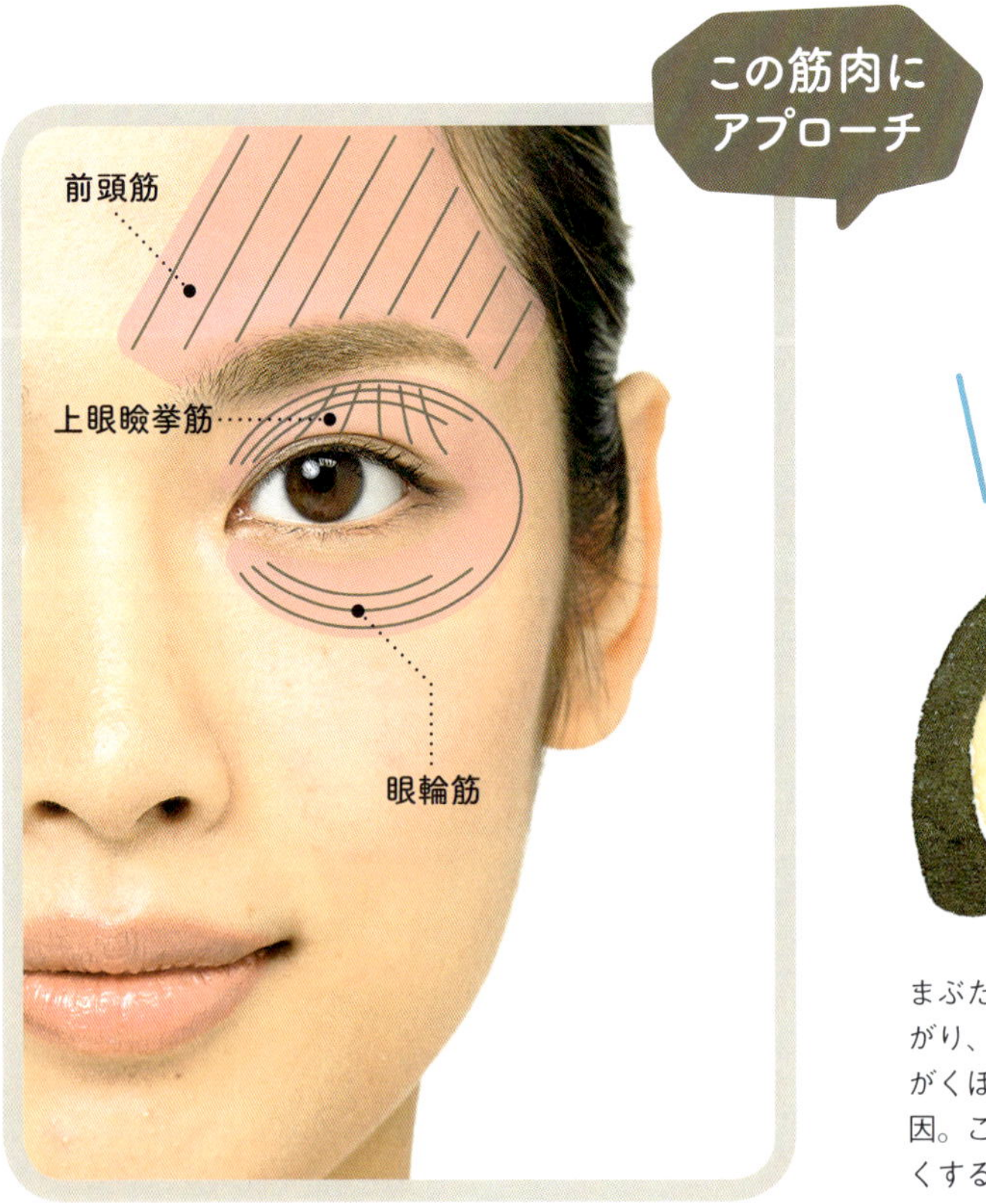

老化するとこうなる！

まぶたがのれんのように垂れ下がり、目が小さく見えます。目がくぼむのも眼輪筋の衰えが原因。ここを刺激して、血流をよくすると、大きな目に。

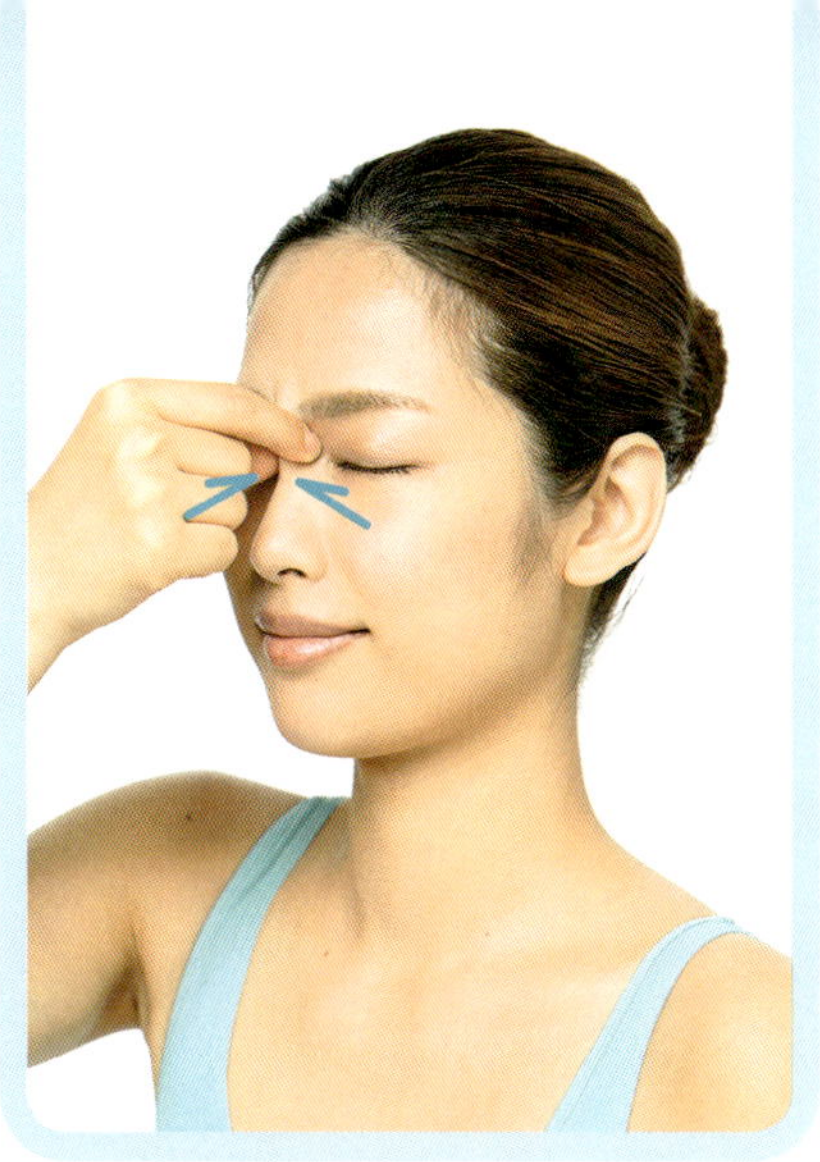

1 目尻と目頭に指をあて持ち上げる

両目を閉じ、両手の人さし指を目尻に、中指と薬指を目頭にあてる。目全体を持ち上げるようなイメージで目頭と目尻を上げて、30秒キープ。

＋しわ伸ばしタッピング

▶43ページ参照

2 目を閉じて目頭を中央につまむ

両目を閉じ、親指と人さし指で目頭をつまんで中央に寄せ、30秒キープ。

＋しわ伸ばしタッピング

▶43ページ参照

3 目尻を寄せて目をパチパチ開閉する

親指と小指以外の3本の指を両目の目尻の横にあてて、目尻を寄せる。そのまま目をパチパチ開いたり閉じたりを10回くり返す。

＋しわ伸ばしタッピング

▶43ページ参照

【逆マッサージ】

5 唇

ぷっくり唇と短い鼻の下は若さの象徴！

年齢とともにどんどん薄くなり、下に落ちてくる唇。同時に鼻の下も伸びて、老けた印象を与えます。唇をぷっくり持ち上げているのが、唇の周りの筋肉。ここにはたくさんの筋肉があります。**ここがよく動くようになると、中央に寄ったぷっくり唇に。**

両手の指で唇を寄せた時に、寄り方に左右差があるなら、笑い方や話し方にクセがある人。鏡を見ながら、左右対称になるように引き寄せましょう。

この筋肉にアプローチ

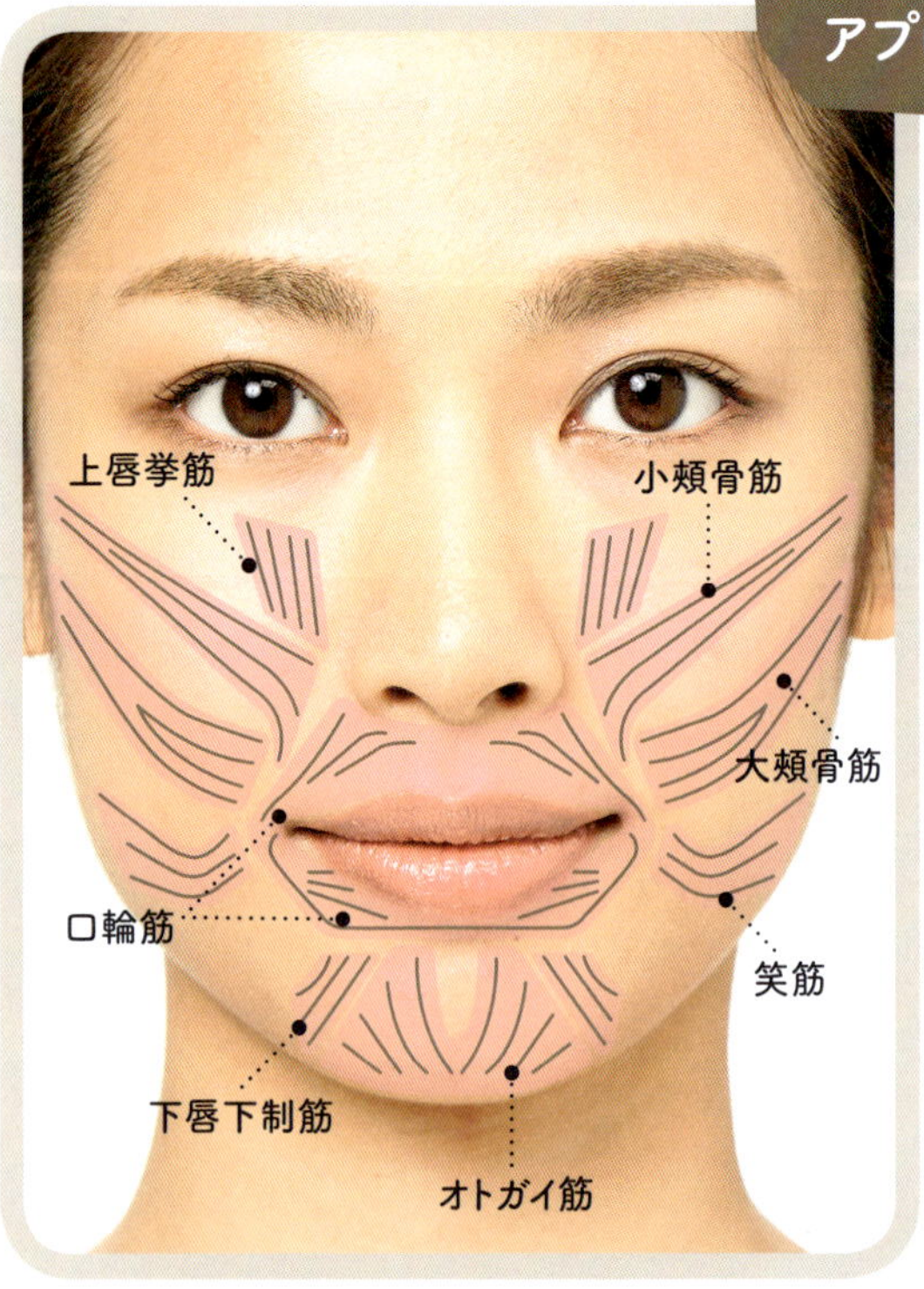

老化するとこうなる！

唇が薄くなり、口角が下がるとともに、マリオネットラインと呼ばれるしわが出現！ 鼻の下の部分が横に引き伸ばされるので厚みも薄くなって老け顔に。

両手の人さし指で唇を中央へ寄せる

両手の人さし指を口角の横にあて、ギュッと中央に寄せたら、90秒キープ。鏡を見ながら、左右の唇の寄せ方が均等かどうかを確認しましょう。慣れてきたら、Vの形をつくって片手でやってもOK。

＋しわ伸ばしタッピング

▶43ページ参照

【逆マッサージ】
6 あご

フェイスラインのたるみは弱ったあごの筋肉が原因

体重は変わってないのに、フェイスラインがあいまいになってきたら、あごのたるみが始まっているかもしれません。

いつも背中を丸め、下を向いてパソコンやスマホを見ていると、あごの筋肉がゆるみっぱなし。放っておけば、そこにぜい肉がたまって、**ブルドッグのような二重あご**になってしまいます。あごと舌、首の筋肉が重なるポイントに親指を押し込んで、あごをたるませる筋肉を刺激しましょう。

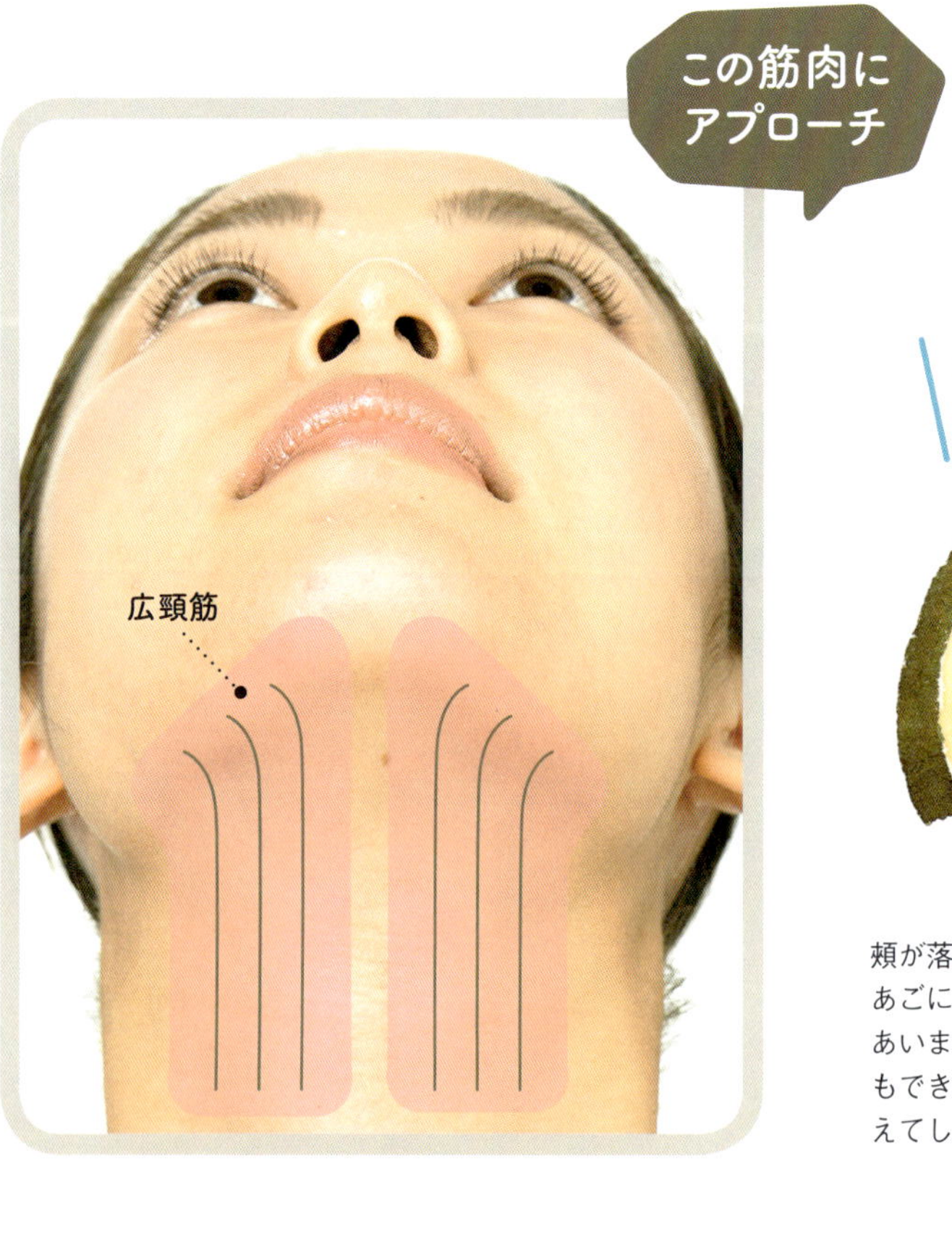

老化するとこうなる!

頬が落ち、あごがたるんで二重あごになるとフェイスラインがあいまいになります。首にしわもできやすく、太った印象を与えてしまいがち。

「う」の口にして
親指をあごの下に押し込む

両手の親指をエラの下であごの骨の際にあて、残りの4指は軽く耳の前にそえる。唇を閉じて「う」の口にしたら、親指をあごの骨の際に深く押し込んで内側に寄せるようにし、30〜90秒キープ。

＋しわ伸ばしタッピング

▶43ページ参照

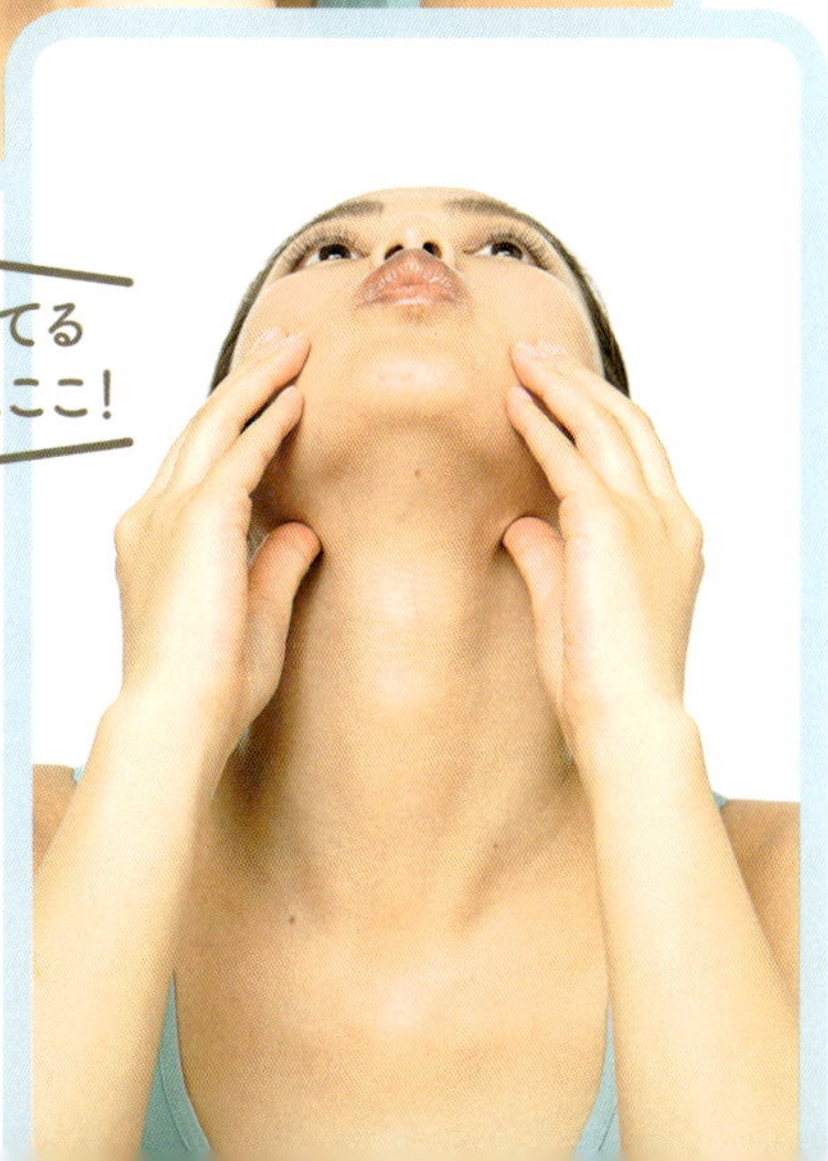

【逆マッサージ】7 頭

頭の筋膜・筋肉をほぐすとリフトアップする

顔と頭皮は一枚の筋膜でつながっています。顔がたるんできたからと顔のマッサージばかりを行っていても、**頭の筋膜や筋肉が硬いままでは、顔の筋肉もほぐれてくれません。**そこで、顔の逆マッサージと頭の逆マッサージは、ぜひセットで行いましょう。

特に食いしばりぐせのある人は、側頭部にある側頭筋が硬く張っています。ここをほぐすことで、リフトアップはもちろん、頭痛やストレスの軽減にも!

この筋肉にアプローチ

老化するとこうなる!

おでこ、目、頬、唇がだら〜んと下に落ちて、締まりのない老け顔に。頭の筋肉が老化してたるむと、頭痛やめまいなどの不調も併発するおそれがあります。

1

頭を中央に向かって指の腹で押し動かす

あごを少し引き、両手の指の腹を頭に押しあてる。指を頭の側面から頭頂に向かって5回押し動かす。位置を少しずつ上にずらしながら頭全体を5ヵ所×5回ずつ押し動かす。

2

机にひじをついて頭の側面を押し動かす

机にひじをつき、両手の指の腹を耳の上にあてる。指に力を入れて頭を押しながら、側面から前側に向かって5回押し動かす。指の位置を少しずつ上にずらして、頭の側面を3ヵ所×5回ずつ。

【逆マッサージ】

8 おでこ

おでこのしわは表情筋が衰えたサイン

目を大きく開けようとすると、おでこにしわが寄りませんか？　もし**しわが寄ってしまうようなら、表情筋が衰えてきたサイン。**

おでこにしわが刻まれると、老けて見えるのはもちろん、神経質そうに見えたり、いじわるそうに見えたり、人にあまりよい印象を与えません。そこで有効なのが、おでこにある前頭筋のマッサージ。硬くなった筋肉をほぐしてクセをとれば、しわは薄くなっていきます。

この筋肉にアプローチ

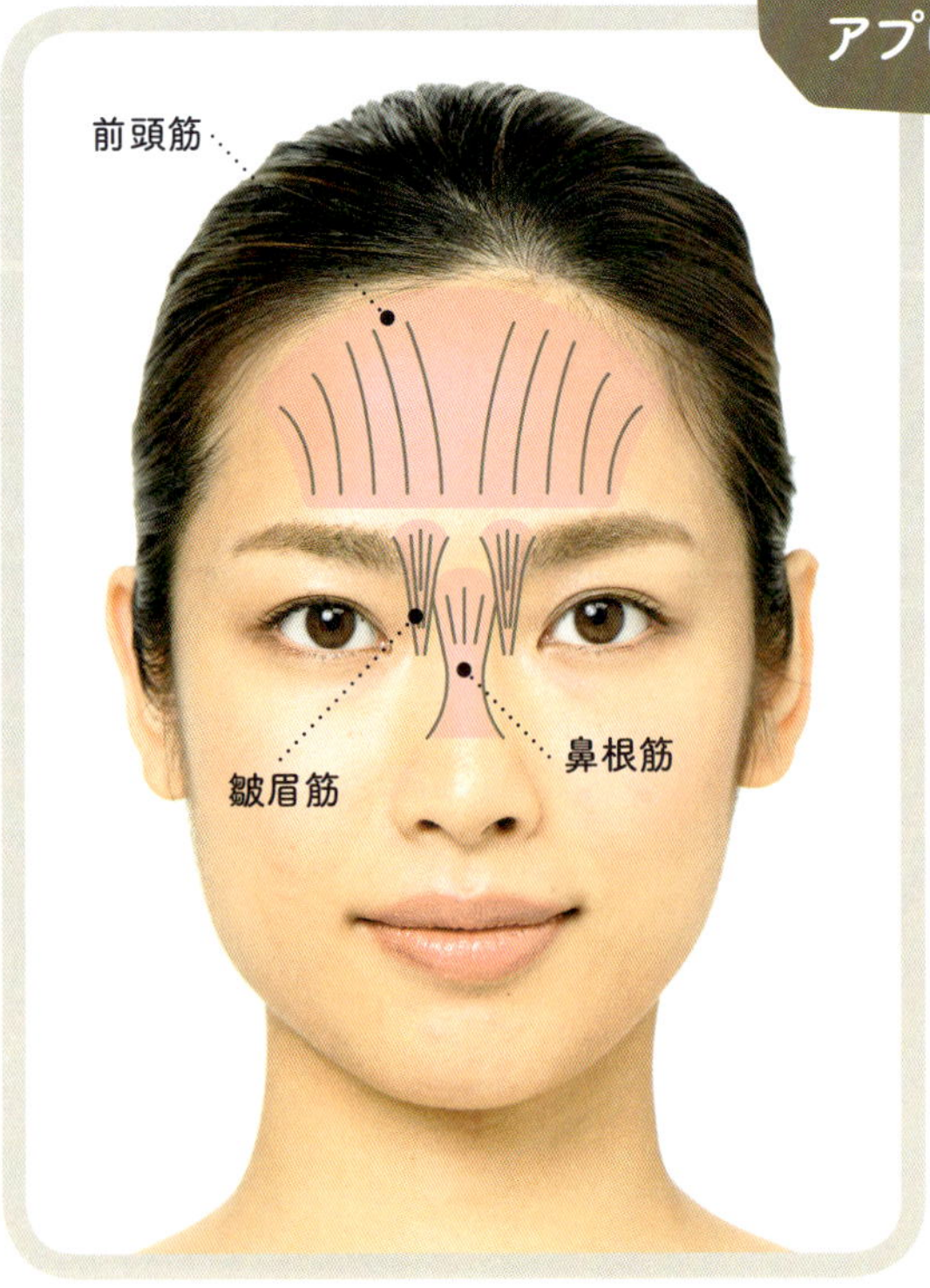

老化するとこうなる！

おでこに横じわが深く刻まれたり、眉間にしわが寄ったり、おでこの筋肉老化は、気になるしわの原因。目も大きく開けづらくなってきます。

眉上から生え際まで おでこを中央に寄せる

机にひじをつき、両手の親指と小指以外の3本の指の腹を眉毛の上にあて、中央に10回寄せる。次に指の位置を少し上にずらし、おでこの真ん中と髪の生え際も同様に10回ずつ寄せる。

＋しわ伸ばしタッピング

▶43ページ参照

逆マッサージにプラスして行いたい！

顔面筋体操

耳ぐるぐる体操

耳はたくさんの顔面筋とつながっています。そのため、耳を動かすことで顔面筋を刺激してリフトアップが可能。耳をぐるぐる回すだけで、血行が促進し、顔色もよくなります。

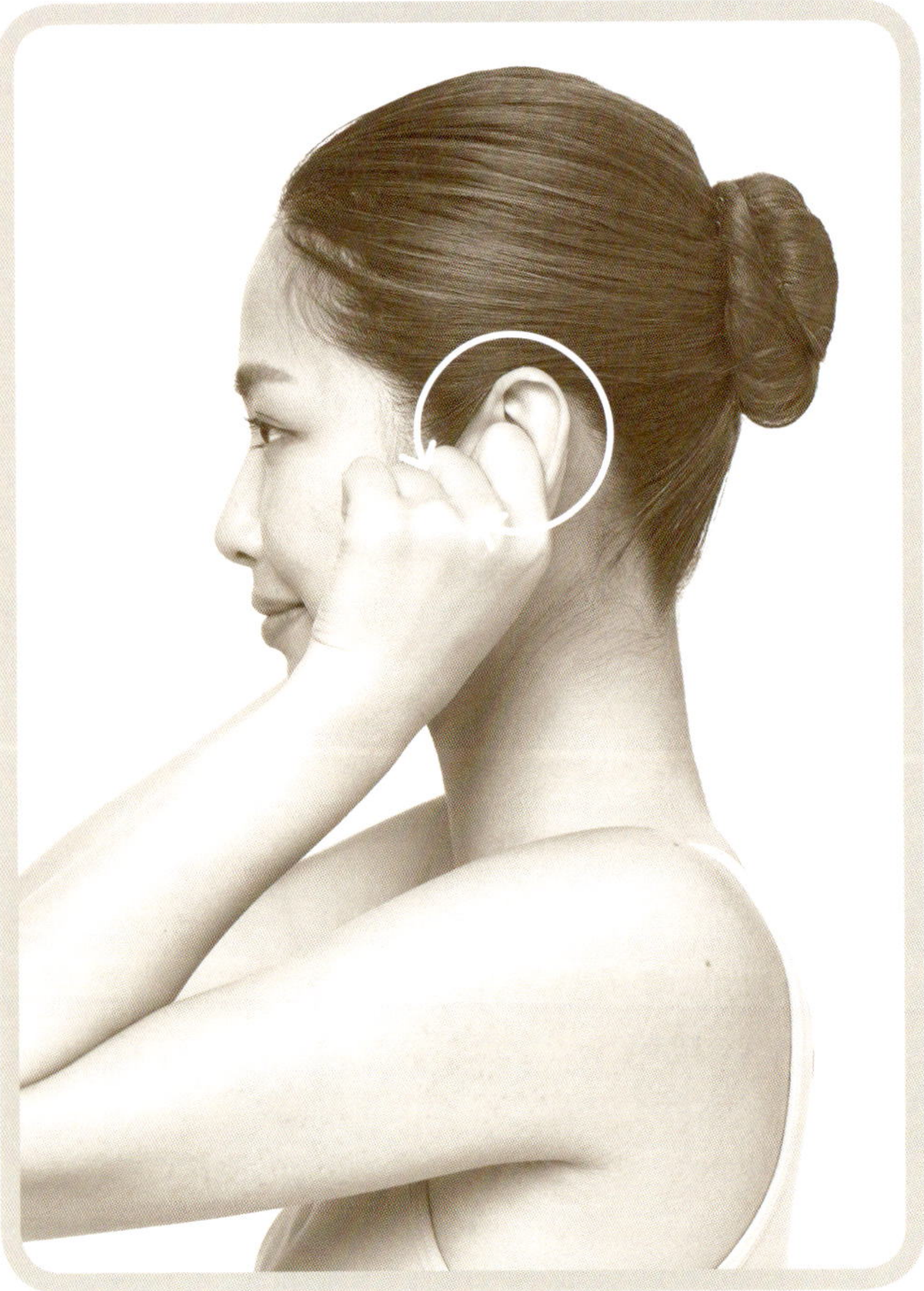

耳を引っ張って前回し後ろ回し

両耳を両手で引っ張り、前回しを10回、後ろ回しを10回行う。メイク前やお風呂の中で行うと効果的。

うに体操

唇を思いきり寄せた後に口角を左右に開く、「うに体操」。口を開い時に、左右の口角の高さが違ったら、高いほうに合わせて、左右均等に上げる意識を。

1 唇を中央に寄せて「う」の口をつくる

鏡の正面に立ち、唇を思いきり中央に寄せて、「う」の口をつくる。

2 歯を合わせたまま口角を引き上げる

次に口角を引き上げるように、歯を合わせたまま「に」の口をつくる。1、2を「うに」と声に出しながら、ゆっくり10回行う。

3 口角を指で引き上げて、10〜90秒キープ

2の口角をさらに両手の指の腹で引き上げて、なりたい口角の位置で10〜90秒キープ。

目ぐるぐる体操

普段の生活では一点だけを見つめて作業をしていることが多く、眼球をぐるぐる動かすことは少ないでしょう。眼球も筋肉と連動しているので、目を動かすと周囲の筋肉が刺激されて、目がパッチリ開くようになります。疲れ目にもオススメ。

眼球をぐるりと大きく動かす

おでこにしわをつくらないように、目を大きく開き、眼球をゆっくりと真上、左、真下、右を見るように動かす。次に反対回しに、右、真下、左、真上に眼球を動かす、を3セット行う。

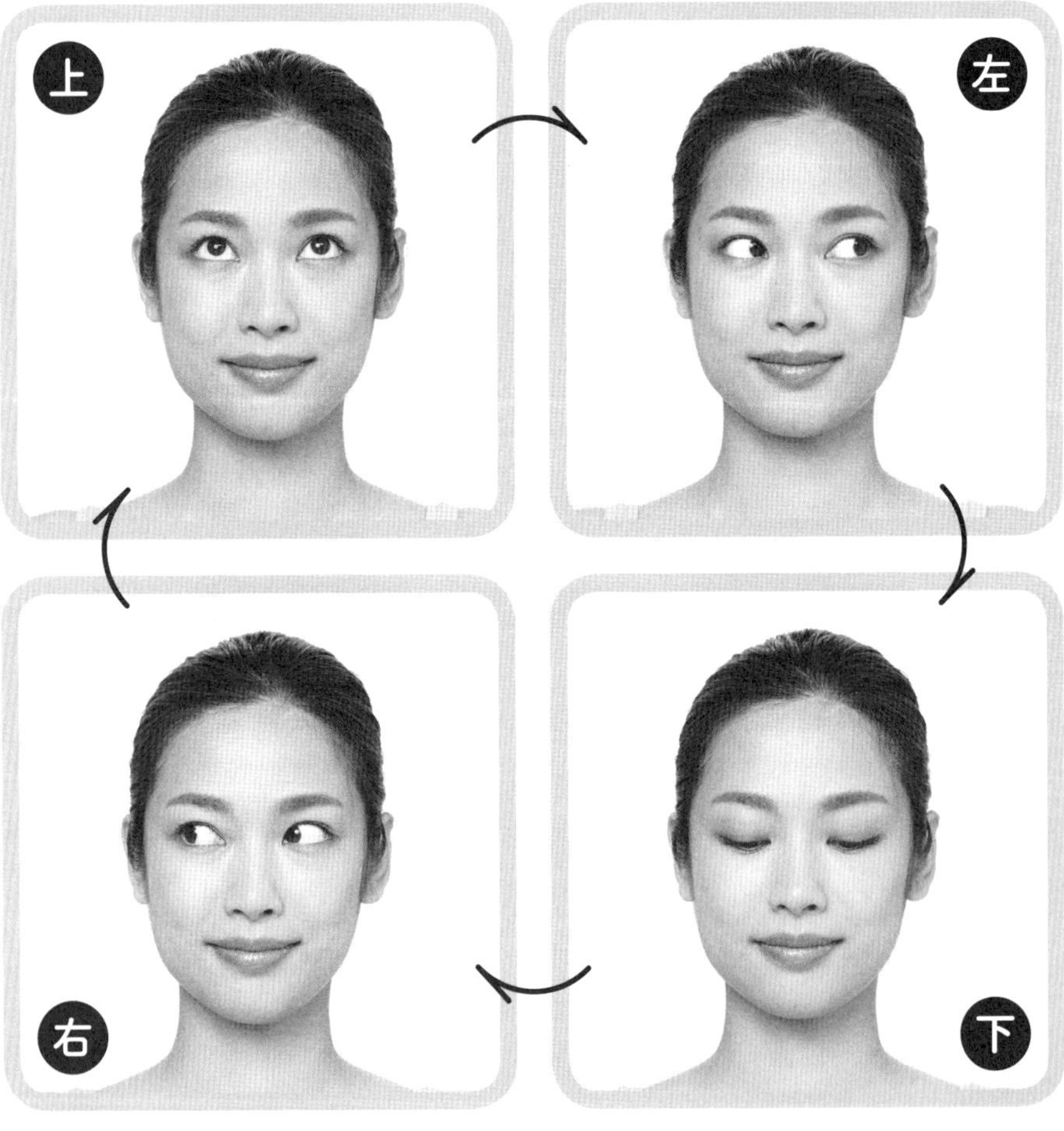

第3章

姿勢矯正＆生活習慣見直しで若返りキープ！

顔のゆがみは顔だけをケアしていては、不十分。
顔と体は一枚の膜でつながり、骨格も連動しています。
そこで、姿勢と生活習慣の見直しを。
普段の姿勢や食事が変わると体の内側からキレイに！
ゆがみも整います。

顔と体はつながっている！姿勢が悪いと顔がたるむのは当然

全身は一枚の筋《きん》膜《まく》という膜で覆われています。ちょうどボディスーツを着ているようなもの。そのため、一部の筋肉を使いすぎて伸びきっていたり、逆に硬くなって引きつれを起こすと、一緒に筋膜も伸びたり、引きつれて、全身のバランスが崩れます。

特に顔と関係の深い筋肉と筋膜が背中。**背中、首の後ろ、後頭部、おでこまでの筋膜は「スーパーフィシャルバックライン」と呼ばれ、顔を引き上げる役目もしています。**例えば、猫背の姿勢がクセになり、背中の筋肉が常に伸びきった状態だと、ゆるんだスーパーフィシャルバックラインがおでこや顔の筋膜までゆるませてしまうので、顔がたるんできます。逆に、正しい姿勢では、背中の筋肉が正しく伸縮して背中からおでこまで続く筋膜が後ろに引っ張られるため、顔面筋が背中からグッと引き上げられます。

顔のゆがみやたるみは顔だけの問題ではありません。姿勢が悪い人は、舌《べろ》トレ、逆マッサージにプラスして、72ページからの姿勢矯正エクササイズを！

猫背だと顔がたるむ仕組み

猫背

正しい姿勢

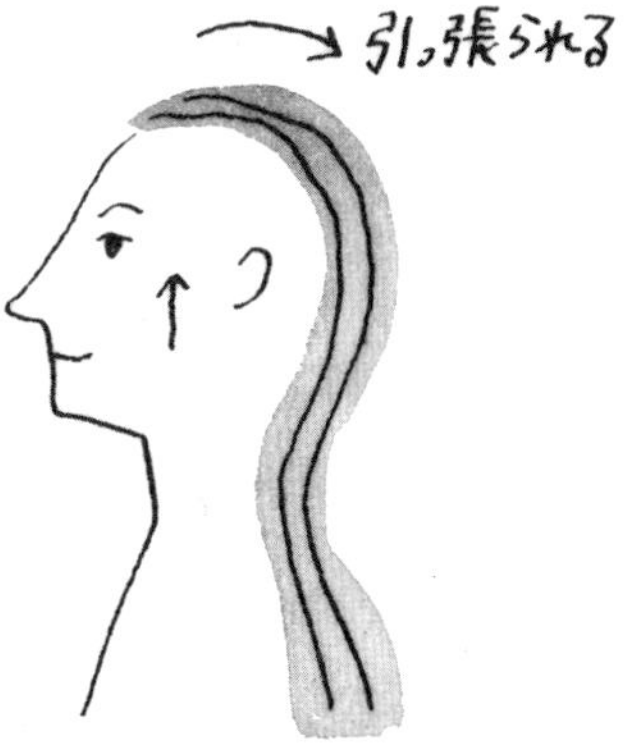

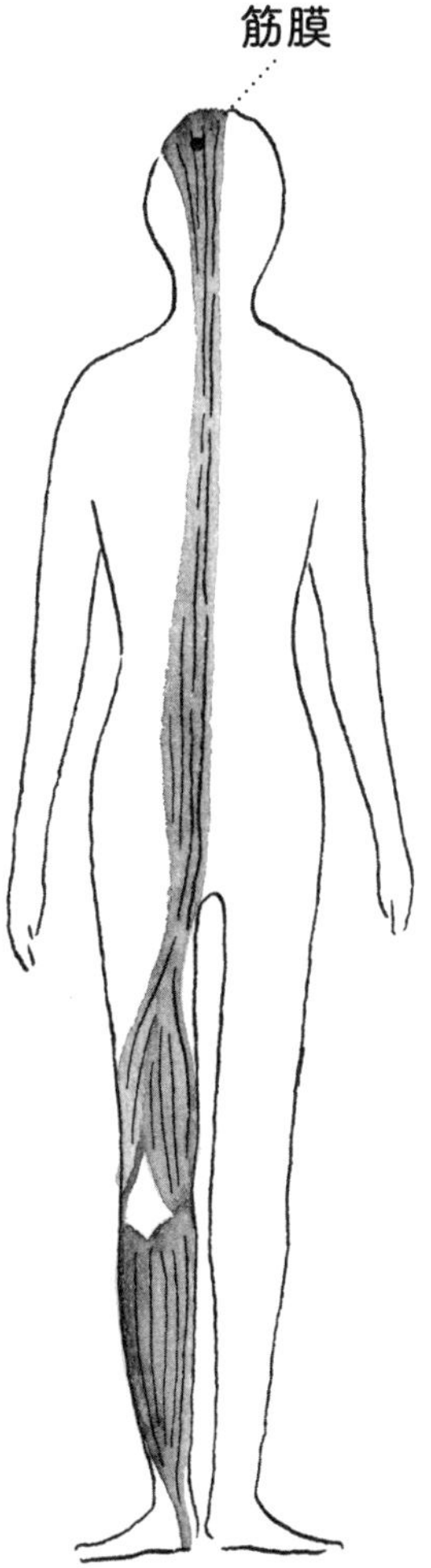

猫背は、背中の筋肉と筋肉が伸びきってたるんでいる状態。そのため、背中と筋膜でつながった顔もたるみます。正しい姿勢であれば、顔の筋膜を背中から引っ張るので、たるんだ顔の筋肉が上がってリフトアップ。

顔は顔の筋肉だけで引き上げられているのではありません。お尻から、背中、首、後頭部、おでこまでつながった「スーパーフィシャルバックライン」という筋膜に引っ張られることで、顔面筋も上がります。

正しい姿勢を確認しよう

以下の要領に従って、正しい姿勢をとってみてください。「こんなにあごを上げていいの」「首が後ろすぎない？」、こんな感想を持ったら、普段の姿勢が悪い証拠。正しい姿勢を常に確認して、体に記憶させて。

立ち方

かかとをつけて、つま先を外に向けて立ちます。鼻の下と耳の穴を結んだ線が床と平行になるように意識。耳の穴、肩先、腰の横、くるぶしが一直線になるのが正しい姿勢です。

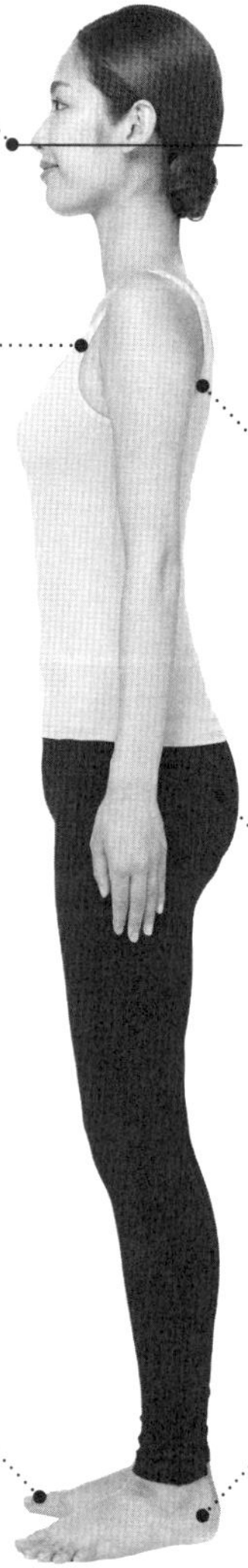

カンペル平面

カンペル平面とは、鼻の下にある点と耳の穴を結んだライン。ここが地面と平行になるように意識。

胸を張る

みぞおちを斜め上に向けるように意識して、胸を張る。

肩甲骨を寄せる

肩甲骨を背骨に寄せるようにしながら、肩が耳の真下にくるように意識。

お尻をしめる

両方のお尻を中央に寄せてお尻の穴をしめるように立つと、ヒップアップに。

つま先とひざを外側に向ける

つま先とひざを同じ外側に向けると、骨盤が開くのを防ぐ。

かかとに体重を乗せる

つま先重心だと骨盤が前に出てゆがみの原因に。かかと重心だと太ももスリムに。

これはNG

首が前に出て、肩が内側に入った猫背。お尻もバストも垂れぎみ。おなかがぽっこり、脚も太くなる原因に。つま先とひざの向きも意識しないと、内またになり、O脚の原因に。

座り方

座った時も立った時の正しい姿勢と基本的には同じ。耳の穴と肩先、腰の横にある骨が一直線の位置にくるのが基本。腰を反りすぎてしまいがちなので注意。

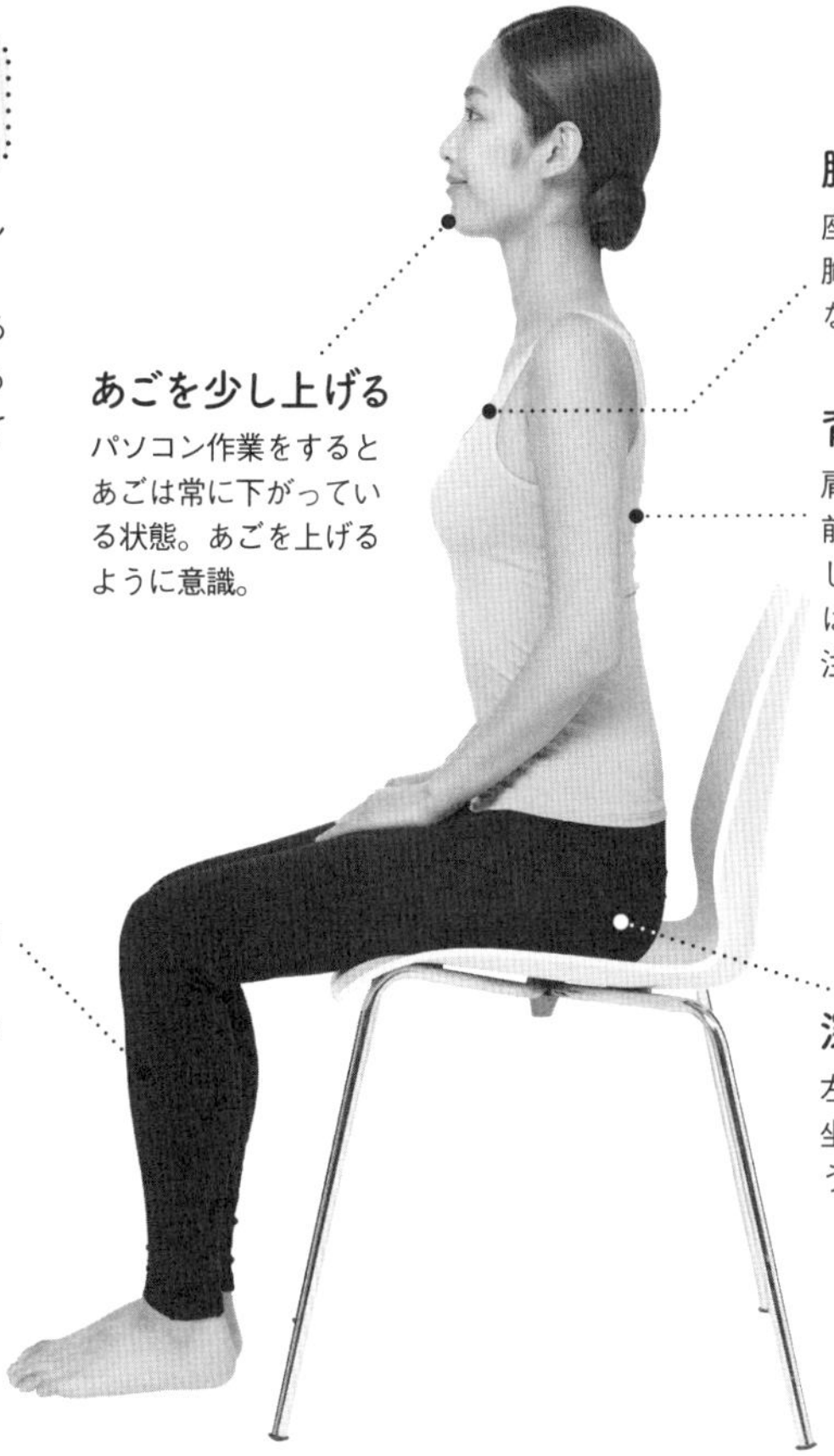

あごを少し上げる

パソコン作業をするとあごは常に下がっている状態。あごを上げるように意識。

胸を張る

座る時も胸を張って。胸が張れないと猫背になりやすくなる。

背筋を伸ばす

肩甲骨を寄せて、肩が前に出ないように注意し、背筋を伸ばす。腰は反りすぎないように注意。

脚にも意識を！

ひざをくっつけ、つま先はまっすぐ向ける。ひざをつけると太ももやせに。

深く座る

左右のお尻中央にある坐骨を座面にあてるように座る。

これはNG

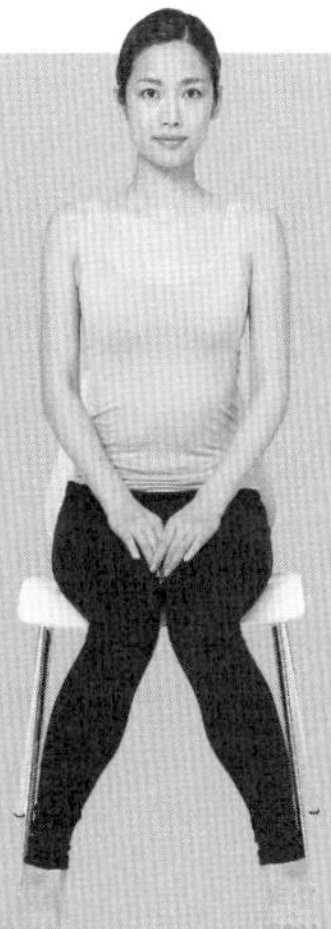

ひざ下を開いて内またにしたり、脚を広げて座るのもNG。脚の広げすぎは骨盤が開いてしまうし、ひざ下が内またになると、O脚の原因になるので、ひざは正面を向けましょう。

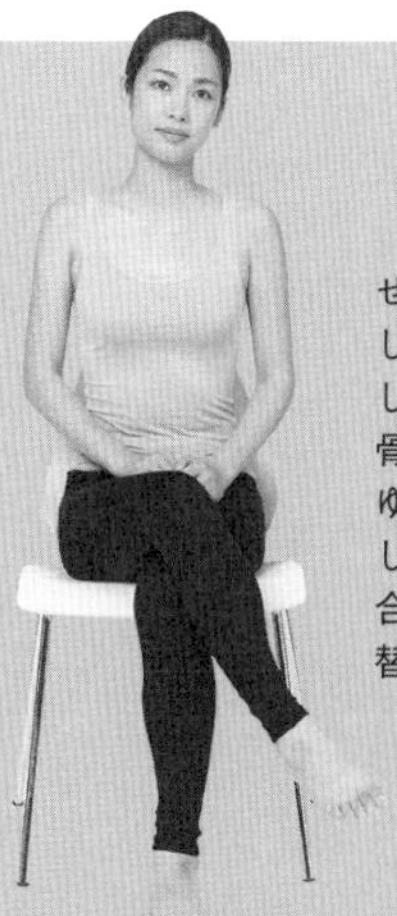

せっかく正しい姿勢にしても、脚を組むと正しく背筋を伸ばせず、骨盤が安定しないのでゆがみの原因に。どうしても脚を組みたい場合は、左右交互に組み替えるのが原則。

姿勢矯正エクササイズ❶
背筋体操

猫背になるとどうしても肩が前に出てしまいます。特に利き腕側は前に出がち。放っておくと、肩や肩甲骨が左右でゆがみ、肩こりや腕のしびれなどの不調から、顔や骨盤のゆがみまで引き起こします。背筋体操で悪習慣を矯正しましょう。

1

左手で右手の手首をつかんで引っ張る

ひざを伸ばし、胸を張って、70ページで解説した正しい姿勢で立つ。左手で右手の手首をつかみ、息を吐きながら後ろに引っ張って、30秒キープ。

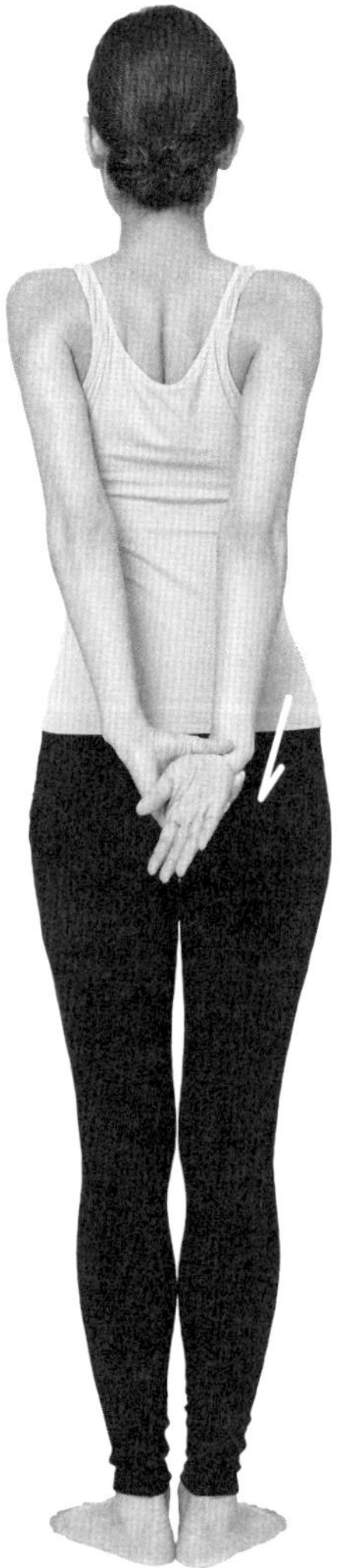

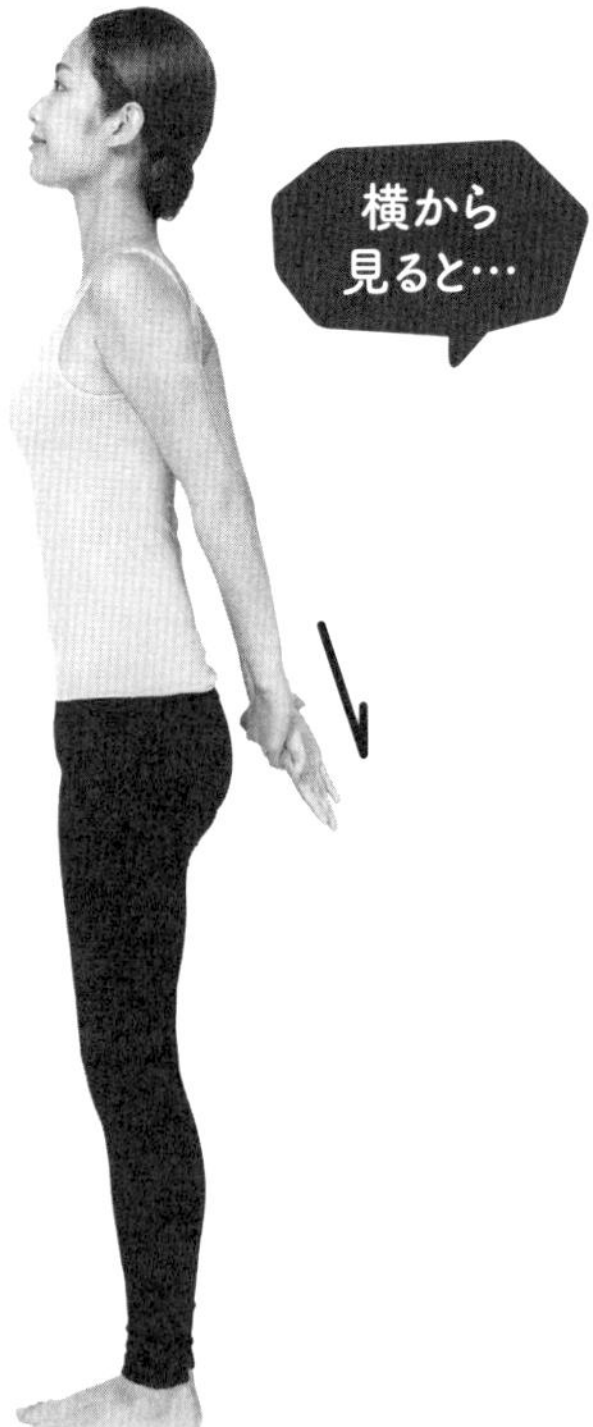

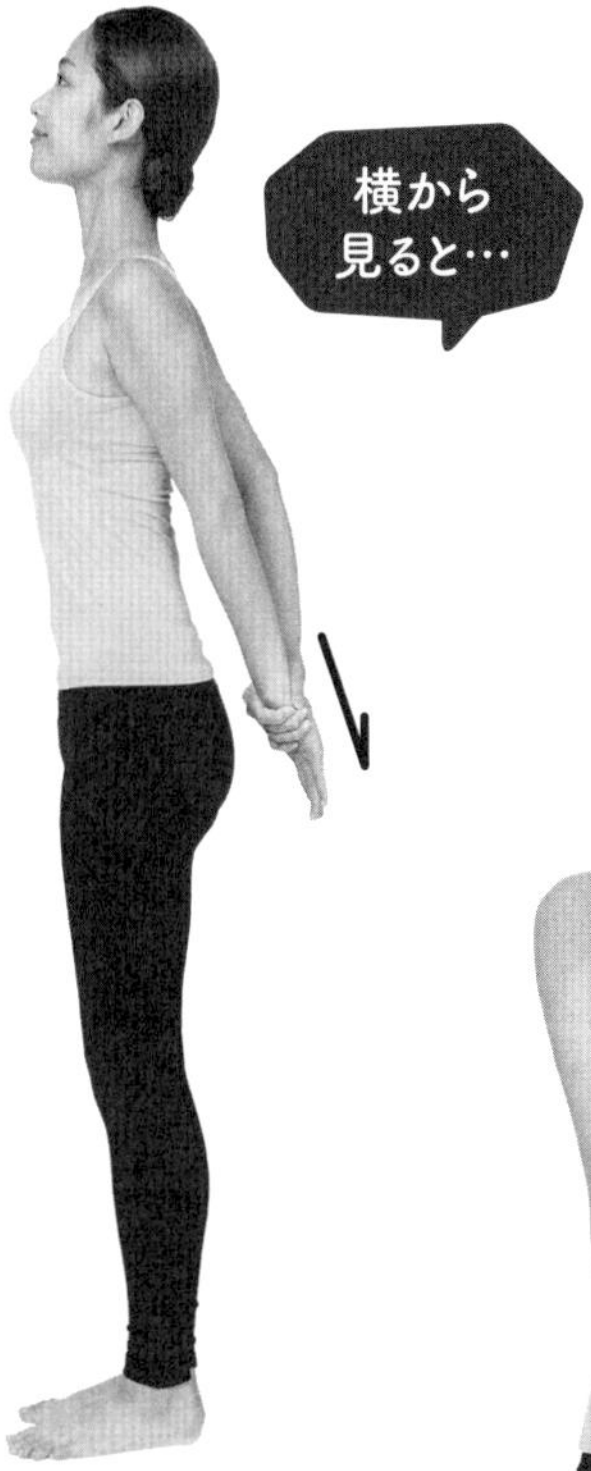

2

逆側の手も
引っ張ってキープ

今度は、右手で左手の手首をつかみ、息を吐きながら後ろに引っ張って30秒キープ。肩が上がらないように注意しましょう。利き手の肩のほうが前に出やすいので、利き手をつかんで引っぱるほうを長めに行いましょう。

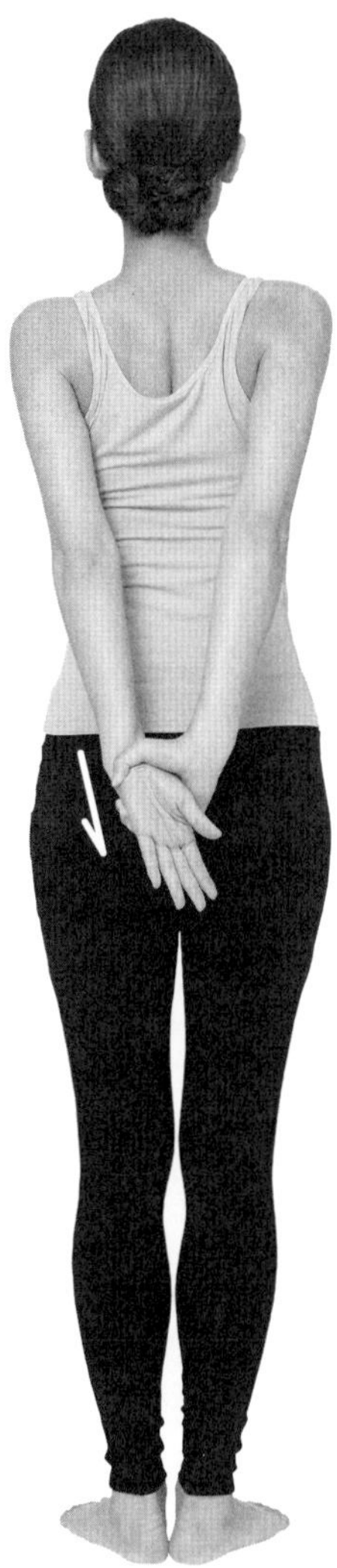

姿勢矯正エクササイズ❷
骨盤体操

朝起きてすぐ布団の中で行えば、その日一日、正しい姿勢が体に記憶されます。また、骨盤まわりのインナーマッスルを鍛えて骨盤を正しい位置に誘導。おなかやせやヒップアップ効果も期待できます。

骨盤をゆっくり
上げ下げ

あお向けに寝て、両手をおなかの上にのせ、お尻をギュッと中央にしめる。おなかをへこませるように力を入れたまま骨盤を限界までゆっくり持ち上げ、次にゆっくり下ろし、床につく前に骨盤を再び持ち上げる。5回。

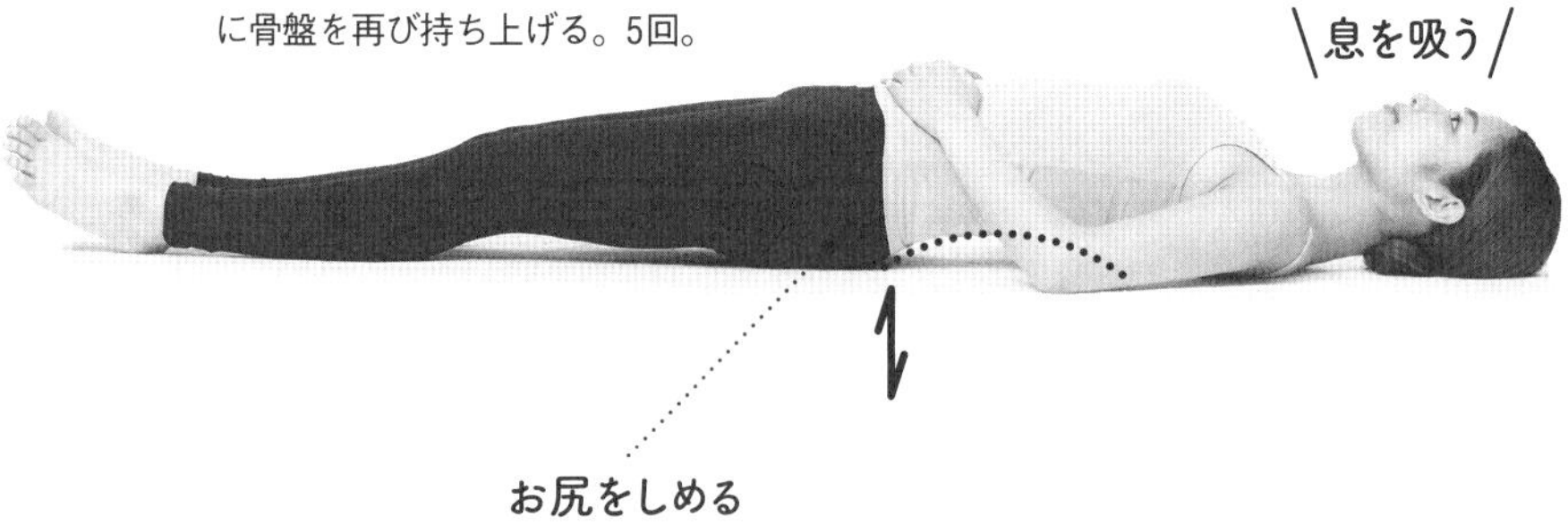

姿勢矯正エクササイズ③

脚上げ体操

太ももの内側、内転筋を鍛えると、骨盤を正しい位置にキープしつつ、まっすぐキレイな脚になります。体の土台である脚のゆがみが矯正されれば、正しい姿勢をとりやすくなり、結果的に顔のリフトアップにもつながります。

1 あお向けになり脚を交差する

あお向けになり、脚を交差する。両手はおなかの上に置く。両脚は股関節とひざを遠くに伸ばすように、つま先まで伸ばす。

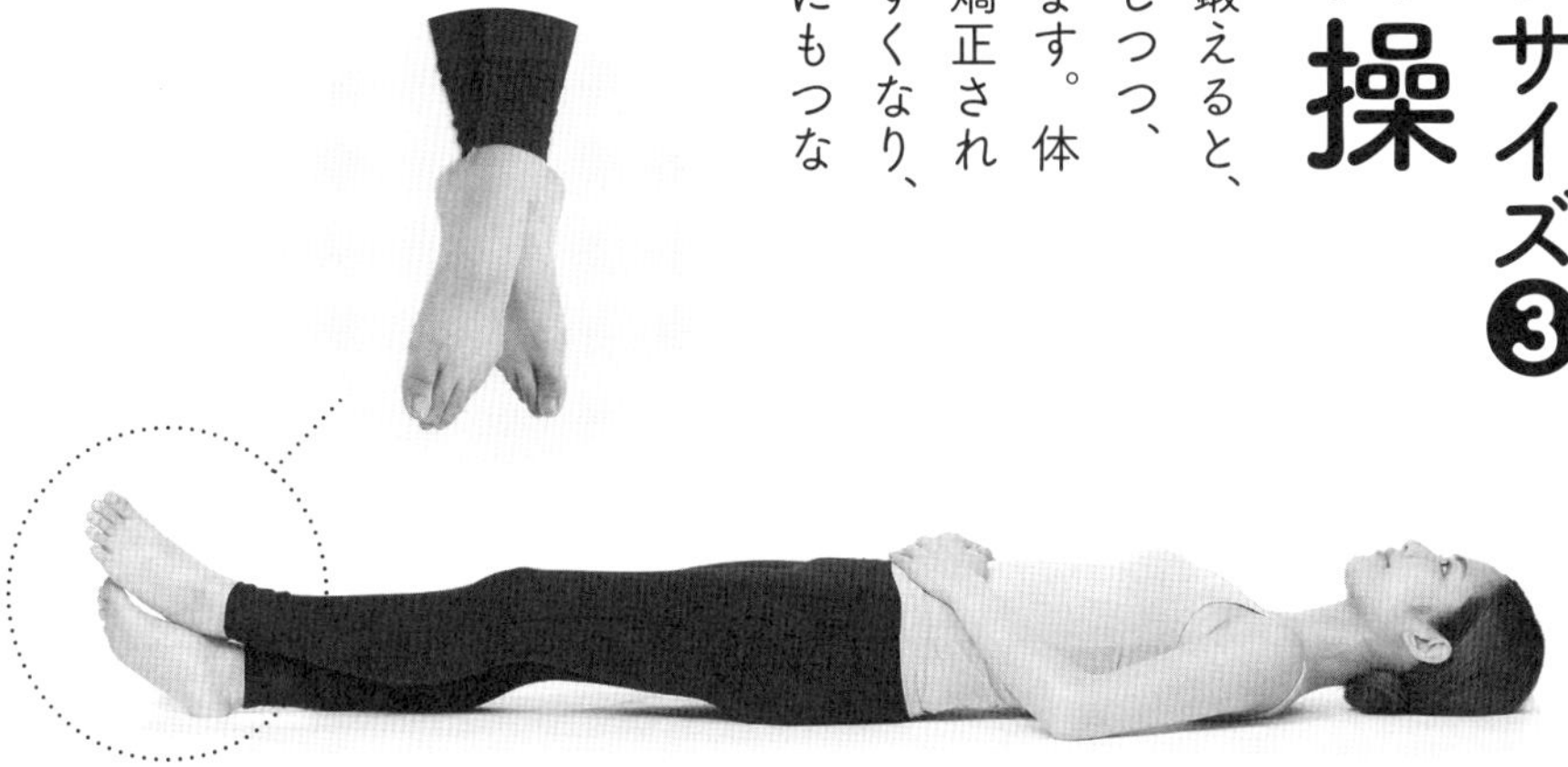

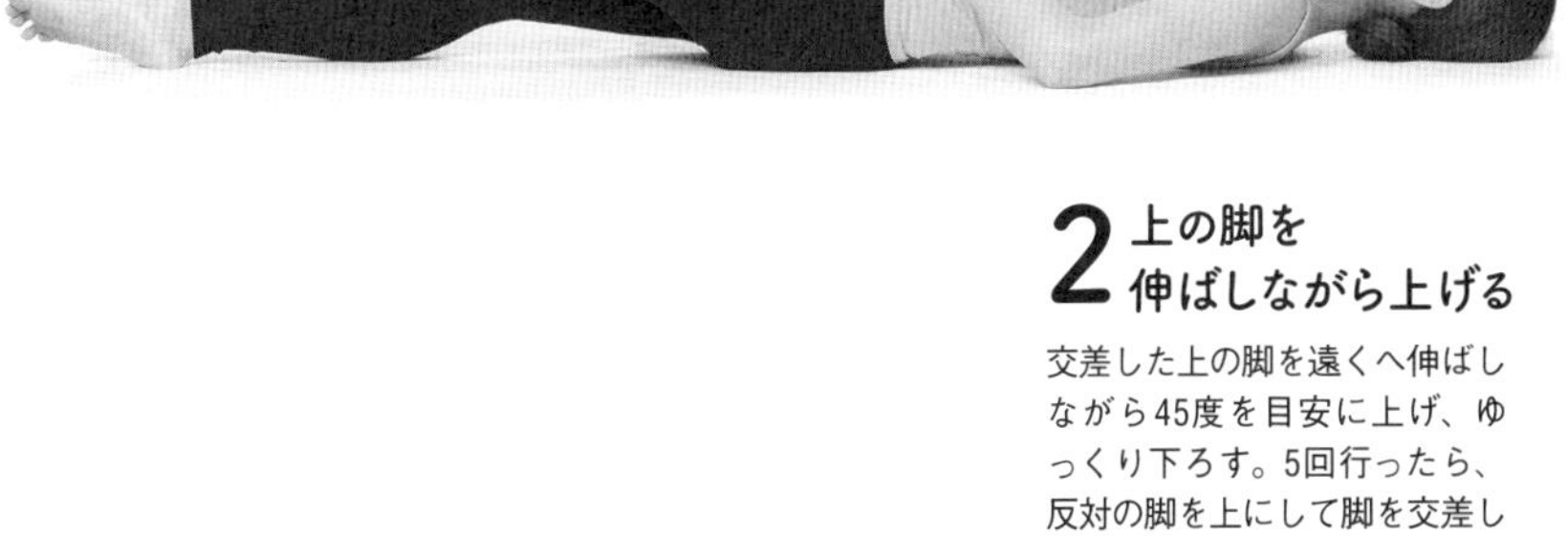

2 上の脚を伸ばしながら上げる

交差した上の脚を遠くへ伸ばしながら45度を目安に上げ、ゆっくり下ろす。5回行ったら、反対の脚を上にして脚を交差して、同様に。

スマホ姿勢・パソコン姿勢が悪いと驚くほど顔がゆがんで老ける！

スマホやパソコンを一日、何時間くらい見ていますか？

仕事でパソコンを使っているならば、5時間以上使っているという人も少なくないでしょう。では、スマホやパソコンを見ている時の姿を鏡でチェックしてみてください。引きすぎたあごの下にぜい肉がたまって、二重あごになっていませんか？ 背中が丸まって、首が前に傾いていませんか？

この状態が続けば、**重い頭は常に下を向いているので、顔の筋肉も下へ下へと落ちてきます。** ですから、スマホやパソコン作業が多い人ほど、顔の老化が早いといっても過言ではないのです。

でも、スマホやパソコンはやめられませんよね。だったら、スマホやパソコンの姿勢を顔をたるませない姿勢に変えることが大事。目の高さを液晶画面に合わせるのではなく、液晶画面を目の高さに合わせるようにパソコンならデスクトップ型パソコンの液晶を高めに置く。スマホを見る時は液晶を目の高さに持ってきて、正しい姿勢でスマホを見ましょう。この毎日の小さな積み重ねで、顔の老化をストップできます。

正しいスマホ姿勢とパソコン姿勢

イスに深く座り
あごは上げぎみに

イスに深く座り、左右のお尻の真ん中にある坐骨を座面にあてるように座る。あごは鼻の下と耳の穴を結んだ線が床と平行になるように、少し上げぎみにして背筋を伸ばす。目の高さにパソコンの液晶がくるように高さを調節するのがベスト。

スマホは目の高さに
持ってきて見る

イスに座っても立っていても、背筋を伸ばし、スマホを目の高さに持ってくる。スマホは特に顔が下がりやすいので、長時間連続で見続けないように気をつけましょう。

腸を元気にする食材で、体の内側から若返る！

最近、「腸内フローラ」を増やすための「菌活」が話題です。腸内フローラとは腸内細菌のこと。腸内には約100兆個、重さにして1kg以上もの腸内細菌があるといわれ、多種多様な腸内細菌がお花畑のように咲いている状態が理想の腸内環境といわれています。腸内細菌には善玉菌、悪玉菌、そしてどちらにも属さない日和《ひより》見《み》菌《きん》があります。これらの腸内細菌がバランスよく棲息し、腸内環境を整えることで健康寿命が伸びると、腸の研究は急速に進んでいます。

もちろん健康だけでなく、美容寿命にとっても元気な腸は欠かせません。昔から腸のキレイな人は肌がキレイだといわれています。人は食べた物を腸で吸収して、必要な栄養を細胞に運び、不要なものを便によって排泄して、肌の美しさや健康を維持しているのです。

年齢に関係なく、**肌を若々しく保つためには、キレイな腸が大前提**なのです。顔面筋は舌トレや逆マッサージで活性化することができますが、食事と生活習慣の改善をしなければ腸はキレイにできません。そして、いくら筋肉を鍛えても、その筋肉の上に張り付いた肌がキレイでなければ、美しい顔とはいえないのです。

そこで、顔面筋ケアを始めたら、ぜひ腸にいい食事と生活習慣を心がけてください。腸内環境をよくする善玉菌はもともと加齢とともに減る傾向があるうえ、食生活の乱れやストレス、過労などによっても減少しやすい性質。一方、悪玉菌は運動不足や偏った食生活、睡眠不足やストレスによって増えてしまいます。できるだけ睡眠は6〜7時間はとり、善玉菌を増やす規則正しい生活を目指しましょう。

菌活によい食材

ヨーグルトと水

善玉菌のエサになり、腸内環境を整えるヨーグルト。自分に合うヨーグルトは、人によって違うので、一日250〜400mℓを目安にいろいろ試してみましょう。また、腸と肌に潤いをもたらす水は、一日1.5〜2ℓを目安にとりましょう。

パイナップル

さつま式では朝起きて、水を1杯と、生のフルーツ、特にパイナップルをオススメしています。パイナップルにはブロメラインという消化酵素が含まれ、胃腸の健康をサポートしてくれます。

納豆

食物繊維が豊富な発酵食品である納豆は、腸の老化を予防するのに適した食材。腸の動きをよくしながら、便の材料にもなります。一日1パックを習慣に！

Column 2

歯科矯正中は顔面筋のケアを欠かさずに！

　目や鼻と同じように、歯並びも顔の印象を決める大事なパーツです。柔道整復師として25年、顎顔面と骨格矯正の施術をしていくうちに、歯列まで自分で矯正したいと思った私は、43歳を超えて歯学部へ入学。20歳前後の同級生と机を並べて、歯について勉強しています。

　勉強するようになってから特に、矯正の施術をしていて、歯科矯正中の方の顔のたるみや頬のこけが気になるようになりました。大人になってからの歯科矯正は、数年間、歯列矯正具をつける場合が少なくありません。この歯列矯正具は顔面筋にストレスがかかるので、顔のたるみが進行したり、頬がこけたりする可能性が十分にあります。歯科矯正具で長時間引っ張られ続けるので仕方がないことでしょう。そこで大人になってから歯科矯正をするなら、歯科医師に歯だけでなく、顔の変化についてしっかり話を聞き、納得してから始めること。そして始めたら、本書の舌トレや逆マッサージを習慣にして、顔が垂れないように顔面筋を鍛えてください。大人の歯科矯正は顔面筋のセルフケアを怠らないことが大事です。

第4章

教えて！ さつま先生 顔面筋革命Q&A

さつま式顔面筋ケアの効果を最大限に出すには？
誰でもやっていいの？ など、
実際にやってみて疑問を持ちそうな質問を集めました。
行う前にしっかり読んで、顔面筋に革命を起こしましょう！

Q 全部やるのが面倒くさい！
ひとつだけでもいい？

A ひとつでも続ければ
必ず効果が出ます！

全部やらなきゃとプレッシャーになり、面倒くさくて続かないなら、一日にひとつだけでも毎日続けて。必ず効果が見えてきます。その時ひとつだけ選ぶなら、32ページの舌《べろ》アイロンがオススメです。口の周りを10ヵ所舌で押す舌アイロンですが、それさえ面倒くさければ、左右に舌を動かして刺激するだけでもOK。ただし、顔の左右バランスを崩さないように、左右対称の場所を同じ秒数や回数で行いましょう。

Q どれくらいの期間で
効果が出るの？

A 1回行うだけでも顔のむくみが解消！
2週間でフェイスラインが変化します

逆マッサージも舌トレも、顔面筋が刺激されるので、血行がよくなり、1回でむくみが改善。朝行えば、メイクのりもよくなります。特に舌トレは、普段動かしていない顔面筋をよく動かすので、筋肉痛を感じる人もいるかもしれませんが、それはまさに効いているサイン！　また、顔の形が変わってきたと感じるのは2週間以降から。自撮りを確認しながら92ページの記録シートに記入して変化を確認するとやる気がアップ！

Q 逆マッサージをすると、しわが深くなりそうで心配

A 普通のマッサージよりしわは減ります。気になるならタッピングを多めに

顔を外側から内側に押すとしわが深くなるので、心配になるかもしれません。でも、前述したように、外側から内側へのマッサージは、いつも外側にばかり伸ばされた筋肉の疲れをとり、筋肉の弾力性を高めるので、外側向きの一般的なマッサージよりもしわは減ります。それでもしわが気になるなら、しわのついた跡がなくなるまで多めにしわ伸ばしタッピングを！　筋肉のよれがとれて、より早くしわが薄くなるでしょう。

Q 何かつけてやったほうがいいの？

A 逆マッサージは滑剤を使って！

皮膚に強い刺激を与えすぎないように、逆マッサージを行う時は、顔用のクリームやオイルなどの滑剤をつけて行いましょう。基礎化粧品を塗るタイミングで行ってもOK。クリームやオイルを塗った後にマッサージを行うことで、化粧品が肌へ浸透するサポートにもなり、肌の潤いも増します。特に乾燥しやすい時期は逆マッサージで血行もよくなるので、保湿力の高い化粧品を使って行うと、肌の乾燥も防げます。

Q マッサージの位置や舌を動かす場所がずれたら効果はないの？

A 少しくらいずれても大丈夫。行えば必ず効果はあります！

本書ではできるだけわかりやすくマッサージをする場所や舌を動かす位置を説明していますが、その場所が多少ずれても問題ありません。それよりも舌を動かしたり、マッサージで顔を触った時に「気持ちがいい」「もっとやりたいな」という感覚を大事に！ 「気持ちいい」と感じる場所は顔面筋が疲れていたり、こりがたまっている場所。そこをほぐすと、硬くなった筋肉がほぐれ、たるみを引き上げるパワーがアップします。

Q 決まった回数や秒数は守らなきゃダメ？

A あくまでも目安。顔面筋の強さは個人差があるので自分のできる範囲で

回数や秒数はあくまでも目安。顔面筋が強い人、弱い人など個人差があるので、翌日顔が痛くなったり、肌が赤くなるまでやり続けるのは禁物です。無理のない範囲で行いましょう。ただ舌トレの場合、最終的には90秒キープできるように、時間をかけて少しずつでもいいので、キープする時間を延ばしていきましょう。なぜなら90秒キープすることで筋肉にクセがついて、筋肉がよく伸縮するようになるからです。

Q もっと効果を上げる方法は？

A 鏡を見ながら、どこを動かしているのか意識して行うこと

筋肉はどこを動かしているのか意識をすると、意識しない時よりも反応がいいといわれています。もちろん顔面筋も同じ。鏡を見ながら、自分が今どの筋肉を動かしているのかを意識しながら行うと、筋肉の反応がよくなって、効率的に顔面筋を鍛えることができます。同時に顔面筋ケアを続けながら鏡でよく自分の顔を観察して、毎日の変化に敏感になりましょう。変化に気づくと、モチベーションが高まります。

Q いつ行うのが効果的？

A お風呂の中で行うと筋肉が動かしやすいのでオススメ

いつ行ってもいいのですが、オススメはお風呂の中。湯船に浸かっている時間を使えば、口の中からの咬筋マッサージを行っても、手をすぐに洗えます。また、筋肉は温まるとほぐれる性質があるのでお風呂で逆マッサージと舌トレを行うと、普段よりもっと深層の顔面筋にアプローチできます。

もし時間に余裕があれば､朝と夜の2回行うとさらに効果が期待できます。

Q 逆マッサージをやってはいけない場所はある？

A 顔ににきび跡などキズがある時は､そこを避けて

もし顔に治ったばかりのにきび跡やキズなどがある場合には、そこを避けて逆マッサージを行いましょう。皮膚に触れるマッサージは、顔にキズやけががない場所を行うのがお約束。また口の中の咬筋マッサージも、手を触れる場所の口の中に、口内炎や炎症が起きている場合には、そこを触らないように注意。特に素手で行う場合にはよく手を洗ってから、できれば医療用の手袋をはめて行うほうがよいでしょう。

Q 顔面筋トレーニングが向いている人は？

A 老若男女誰でも！ 特にたるみやゆがみが気になっている人には最適！

私の施術院の患者さんは、下は小さなお子さんから上は80代の方まで、老若男女がいらっしゃいます。セルフで行う顔面筋ケアも、もちろん年齢や性別に関係なく、誰でも効果の出るトレーニング法です。なかでも特に効果が高いのは、たるみやゆがみが気になりだした30代後半以上の方。目に見えて変わってくるので、鏡を見るのが楽しくなりますよ！　お子さんと一緒に遊び感覚で続けるのもオススメです。

Q 生理の時や妊娠中など、やってはいけない時はあるの？

A 顔のケアはリラックス効果も！ 気持ちがよかったら、ぜひ行って

顔や口の中には自律神経と関係の深い神経がたくさん通っています。エステでフェイシャルマッサージをすると気持ちいいのは、顔を触ることで副交感神経が優位になってリラックスするから。生理中や妊娠中、気持ちがなんとなくブルーの時に、ぜひ逆マッサージや舌トレを！　気持ちが落ち着いて、イライラが改善してきます。ただし、気分が乗らない時はやらないこと。ムリして行っても効果はあまり期待できません。

ゆがみをとると、顔がこんなに変わる！
さつま式 驚きの Before After

どの写真も修整なし、もちろんメスも入れていません。
さつま式であごのゆがみをとっただけで、こんなに顔が変わります！
なりたい顔にリメイクできるのが、さつま式なのです。

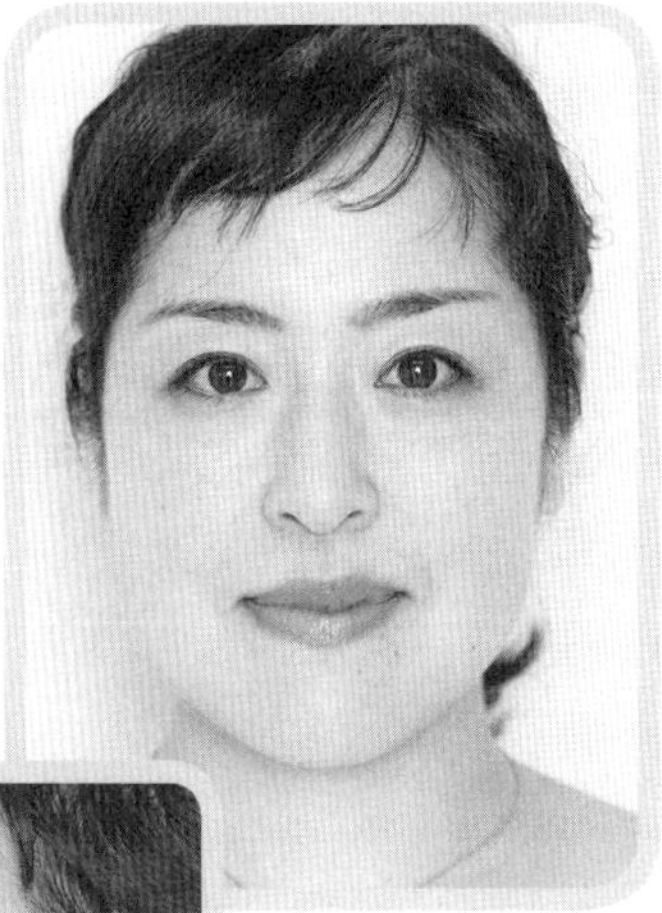
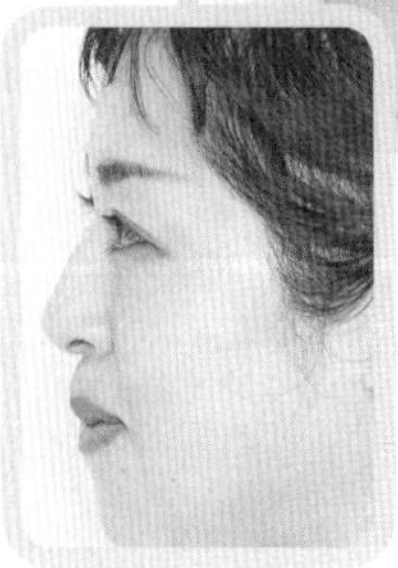

After

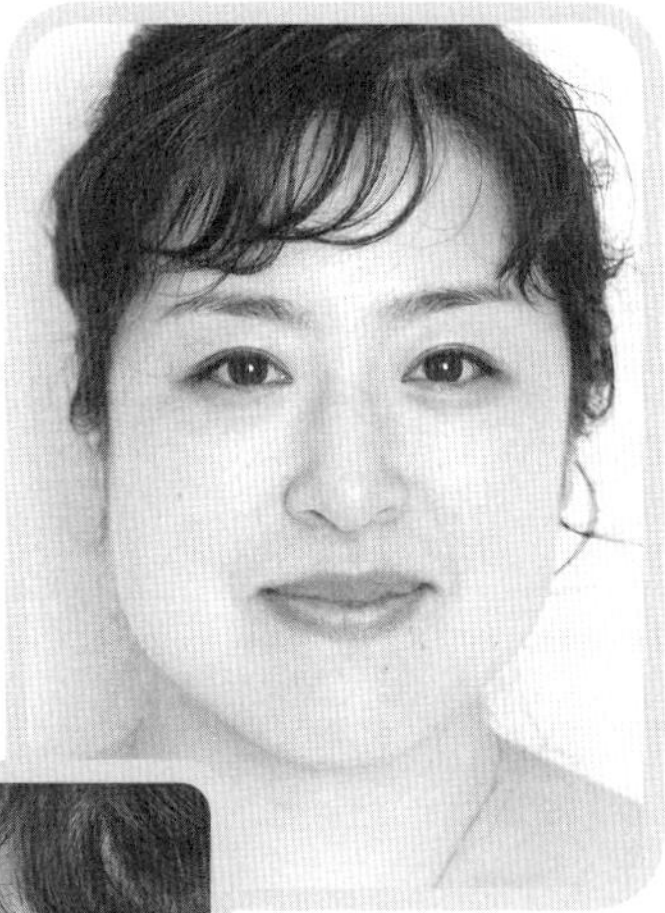
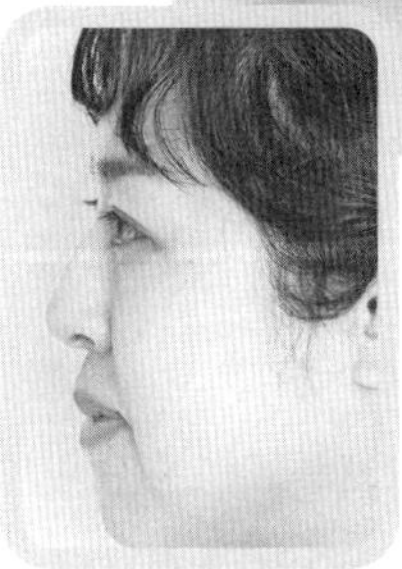

Before

さつま先生から
ひとこと

**食いしばりが減って
目も大きくなった**

長年の食いしばりで、右の咬筋が外側に引っ張られ、顔がゆがんで四角形に、目も小さくなっていました。筋肉がほぐれ、ゆがみが改善しただけで、頬が上がって顔は卵型に。目も大きくなりましたね！

モニター1

料理研究家・金丸絵里加さん

食の仕事をしているので、普段からあごや歯にいい食事は心がけています。でも、それだけでは不十分でした。物心ついた頃から右のエラが張っていたので生まれつきと思っていたら、あごのゆがみがとれただけで、フェイスラインがこんなにシャープになるなんて、驚きです！

料理研究家、管理栄養士。『365日のサラダ』（永岡書店）ほか、健康やダイエットに関する食の著書多数。

モニター2 20代

口角下の筋肉がほぐれて小顔に

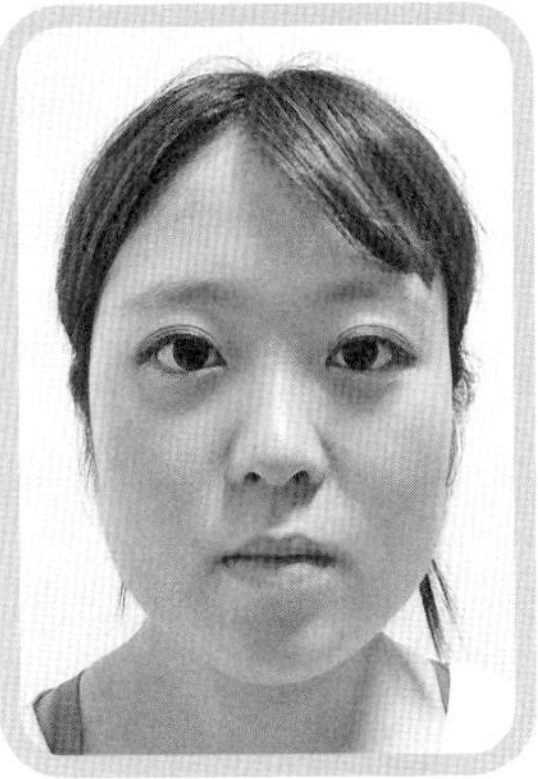

After

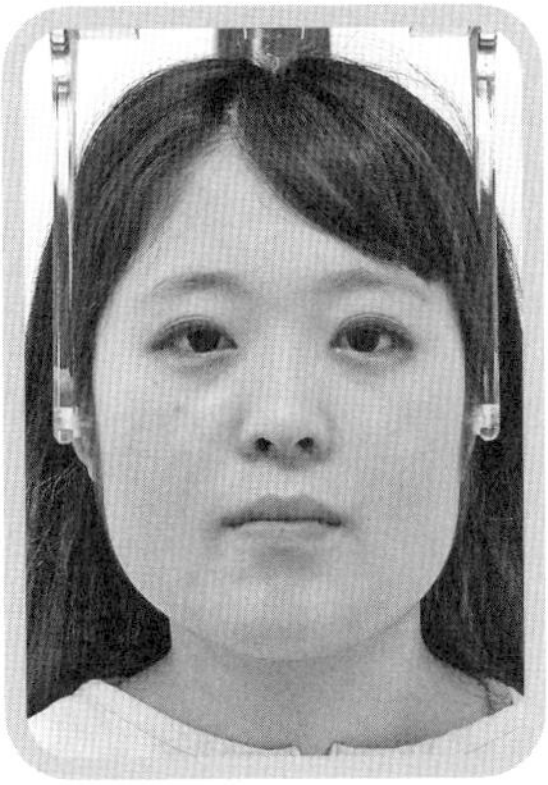

Before

食いしばりのせいで口角下の筋肉が発達し、エラの下側を引っ張っていたのが、筋肉がほぐれてエラ張りがとれました！

モニター3 30代

あごが引っ込み美しい輪郭に

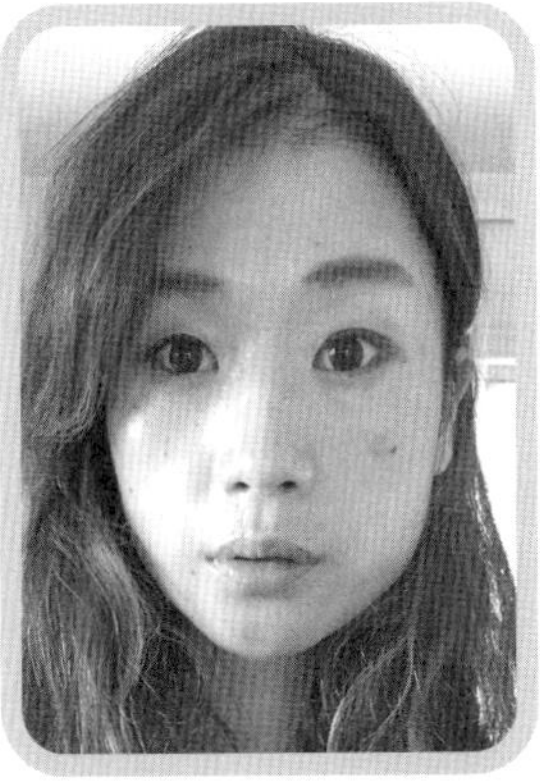

After

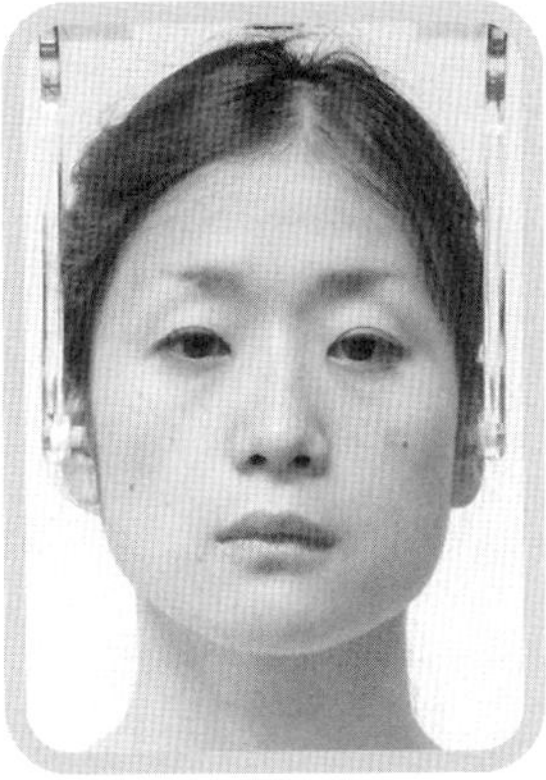

Before

トレーニングに加え、正しい姿勢を意識することで、あごのゆがみがとれて、キレイなフェイスラインになりました！

施術を体験できるのは……

さつま骨格矯正鍼灸整骨院 https://yugamilabo.jp/

■渋谷・恵比寿本院　☎03-5468-0910
住所：東京都渋谷区渋谷3-27-14 藤本ビル4F

■表参道・青山院　☎03-6434-5272
住所：東京都港区北青山3-5-40 YCビル2

■広尾・西麻布院　☎03-6459-3636
住所：東京都渋谷区広尾5-4-18

2ヵ月で劇的に顔を変える！
さつま先生 オススメプログラム

はじめはツラくても2週間もすれば、慣れてラクになってきます。
回数や秒数を増やすと効果がよりアップして、2ヵ月で理想の顔に！

1〜2週目

［舌トレ］

舌ストレッチ ……… 各10〜30秒キープ
舌アイロン ………… 各10〜30秒キープ
舌ぐるりん ………… 各10回
舌スイング ………… 30〜60回

逆マッサージ ……… エラ
姿勢矯正エクササイズ

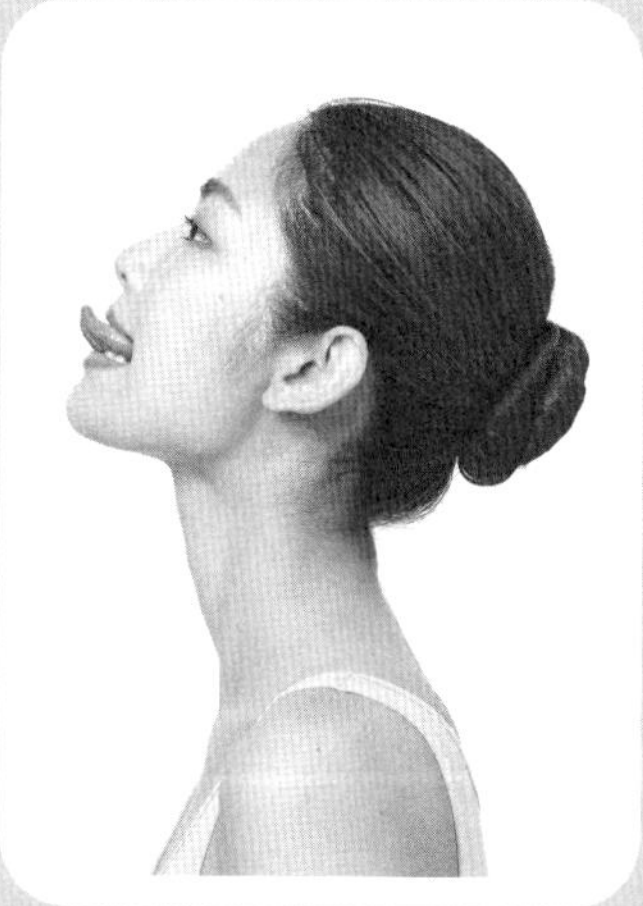

3〜4週目

［舌トレ］

舌ストレッチ ……… 各30〜60秒キープ
舌アイロン ………… 各30〜60秒キープ
舌ぐるりん ………… 各10回
舌スイング ………… 30〜60回

逆マッサージ …． エラ＋気になる場所
姿勢矯正エクササイズ

5〜6週目

〔舌トレ〕

舌ストレッチ ……… 各30〜90秒キープ
舌アイロン ………… 各30〜90秒キープ
舌ぐるりん ………… 各10回
舌スイング ………… 30〜60回

逆マッサージ …． エラ＋気になる場所
耳ぐるぐる体操、うに体操、目ぐるぐる体操
脚上げ体操

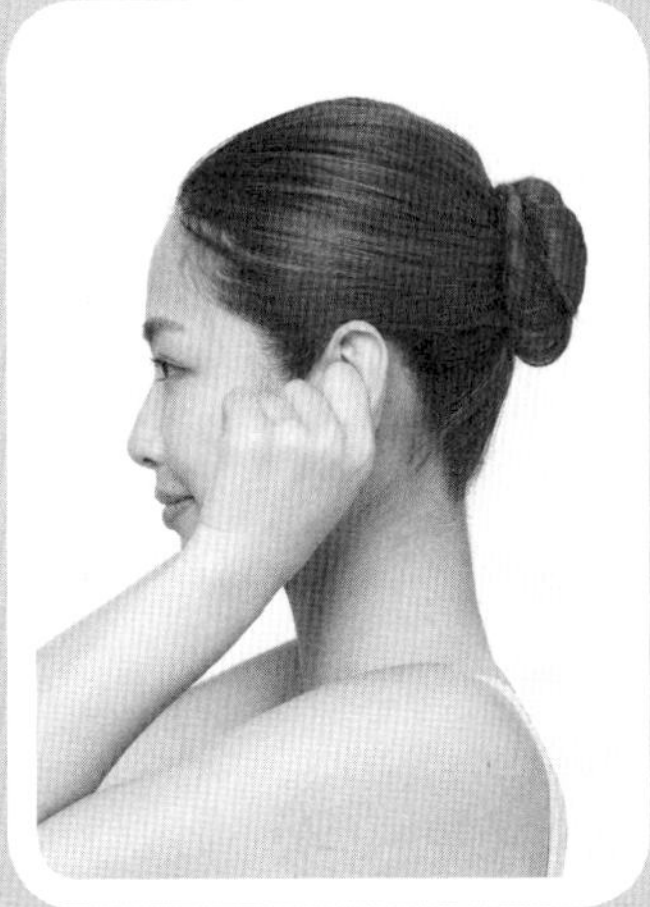

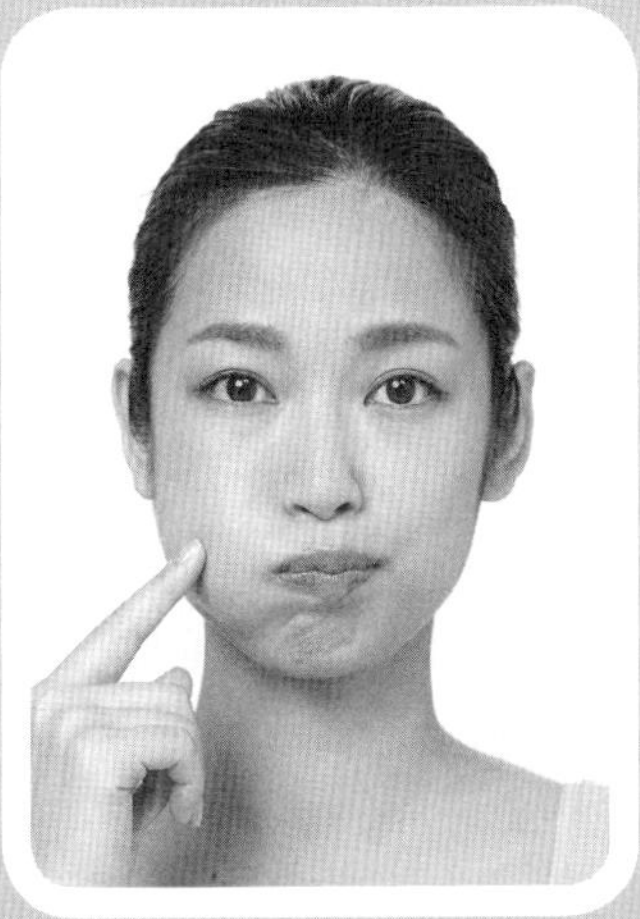

7〜8週目

〔舌トレ〕

舌ストレッチ ……… 各60〜90秒キープ
舌アイロン ………… 各60〜90秒キープ
舌ぐるりん ………… 各10回
舌スイング ………… 30〜60回

逆マッサージ …． エラ＋気になる場所
苦手な体操を積極的に行う

秒数はあくまでも目安。
あごが疲れたな……
と感じるくらいまで行うと、
筋肉のクセが
矯正されますよ！

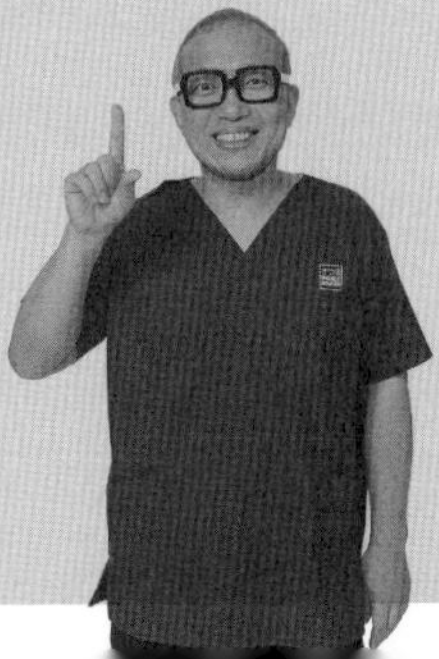

モチベーションを高める！ 顔面筋革命 記録シート❶

1週目　月　日～　月　日

目標

変化

写真を
貼りましょう

2週目　月　日～　月　日

目標

変化

写真を
貼りましょう

3週目

月　日～　月　日

目標

変化

写真を
貼りましょう

4週目

月　日～　月　日

目標

変化

写真を
貼りましょう

モチベーションを高める！ 顔面筋革命 記録シート❷

5週目　月　日〜　月　日

目標

変化

写真を
貼りましょう

6週目　月　日〜　月　日

目標

変化

写真を
貼りましょう

7週目

月　日～　月　日

目標

変化

写真を
貼りましょう

8週目

月　日～　月　日

目標

変化

写真を
貼りましょう

Staff

デザイン　成冨チトセ
（細山田デザイン事務所）
イラスト　ヤマグチカヨ
モデル　津山祐子
ヘアメイク　木村三喜
写真　伊藤泰寛、浜村達也（本社写真部）
編集協力　山本美和

薩摩宗治（さつま・むねはる）

柔道整復師。歯学学士。さつま骨格矯正総院長。柔道整復の技術と歯科矯正学を融合した顎顔面骨格矯正を軸に、ゆがみ予防の重要性を説く『さつま式®メソッド』『ミューイング』を提唱。あごのゆがみと歯の関係に注目し、43歳で歯学部に入学、卒業。

治らない数々の顔、あご、身体のゆがみに大きな効果をあげ、その技術の高さにより国民的タレント、文化人、世界的アスリートなど、数多くの著名人からも厚い信頼を得ている。

東京・渋谷で開院22年以上、症例数38万件以上の実績と、エビデンスに基づく、“結果が出る”メソッドに注目が集まり、日テレ『世界一受けたい授業！』等テレビをはじめ、多くのメディアで特集されている。

著書に『90秒 あご筋ほぐし』（世界文化社）がある。

講談社の実用BOOK

顔《かお》の「ゆがみ」がなければ、あなたはもっと美《うつく》しい！ 顔《がん》面《めん》筋《きん》革《かく》命《めい》

2016年11月24日　第1刷発行
2024年11月 8 日　第5刷発行

著　者　薩《さつ》摩《ま》宗《むね》治《はる》

発行者　篠木和久
発行所　株式会社 講談社
〒112-8001 東京都文京区音羽2-12-21
編集 ☎03-5395-3560
販売 ☎03-5395-4415
業務 ☎03-5395-3615
印刷所　大日本印刷株式会社
製本所　株式会社国宝社

ISBN978-4-06-299862-8